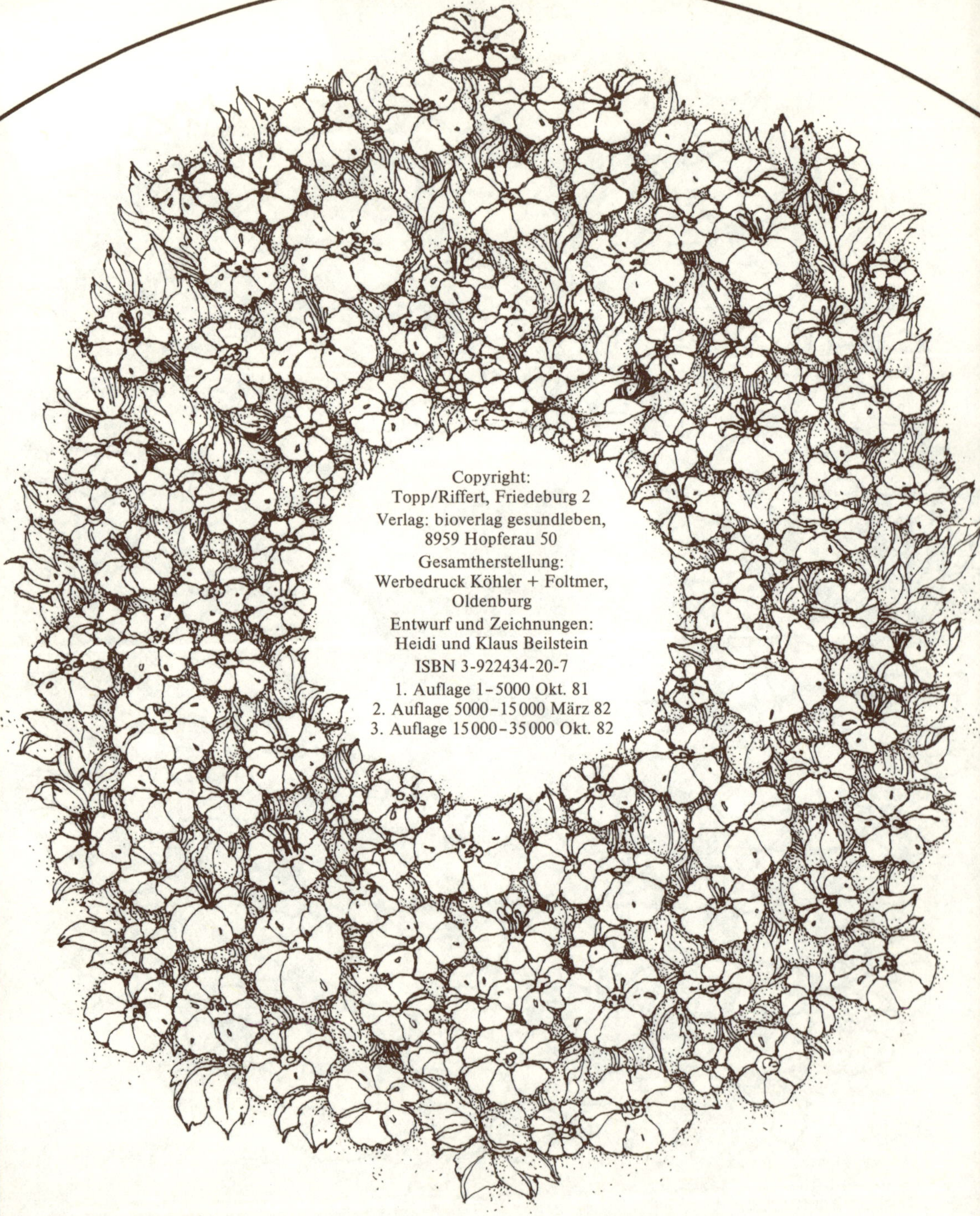

Verlag: bioverlag gesundleben,
8959 Hopferau 50
Gesamtherstellung:
Werbedruck Köhler + Foltmer,
Oldenburg
Entwurf und Zeichnungen:
Heidi und Klaus Beilstein
ISBN 3-922434-20-7
1. Auflage 1–5000 Okt. 81
2. Auflage 5000–15000 März 82
3. Auflage 15000–35000 Okt. 82

Christiane
14. 10. 83

Ruth Topp / Anneliese Riffert

VOLLKORN-BÄCKEREI ZU HAUSE

Brot und Gebäck aus vollem Korn
– gesund und köstlich –

bioverlag gesundleben

Es gibt
Krankheiten,
die nur durch richtige
Ernährung
geheilt werden können.

Hippokrates

Vorwort von Dr. M. O. Bruker

Es ist höchste Zeit, daß die erschreckende Zunahme der ernährungsbedingten Zivilisationskrankheiten wirksame Gegenmaßnahmen auf den Plan ruft. Nur zu lange wurden der Bevölkerung die wahren Gründe verschwiegen, warum sich Rheuma, d. h. Erkrankungen des Bewegungsapparates, die Herz- und Kreislaufkrankheiten, die Leber- und Stoffwechselkrankheiten, die Anfälligkeit zu sogenannten Erkältungen und der Krebs zu Volksseuchen entwickeln konnten. So weiß heute der größte Teil der Bevölkerung noch nicht, in welchem Ausmaße falsche Ernährung mit Fabriknahrungsmitteln zu der Gesundheitskatastrophe geführt hat, in der wir heute stecken.

Die moderne Ernährungswissenschaft hat die exakten Beweise erbracht, daß die Abkehr von natürlichen Lebensmitteln und deren unmerklicher Ersatz durch raffinierte, industriell veränderte Nahrungsmittel zu dem Gesundheitsverfall geführt hat. Die Fülle der Gesundheitsliteratur, die in dem letzten Jahrzehnt auf den Markt kam, ist ein beredtes Zeichen, daß die Zahl der Verantwortlichen wächst, die sich verpflichtet fühlen, dieses Wissen in Wort und Schrift ins Volk zu tragen. Es ist ein erfreuliches Zeichen, daß im Rahmen dieser so dringend notwendigen Aufklärung der Bevölkerung über richtige Ernährung auch Bücher erscheinen, die die entsprechenden praktischen Anleitungen vermitteln.

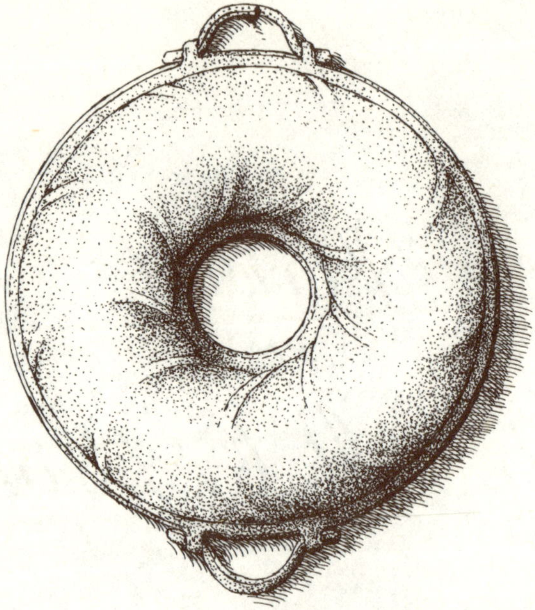

So ist die vorliegende Schrift über die Vollkornbäckerei zu Hause ganz besonders zu begrüßen, da das Vollgetreide das Zentrum einer vollwertigen vitalstoffreichen Ernährung ist und tatsächlich, wie die Autoren selbst schreiben, der erste Schritt zur Umstellung auf eine Vollwertkost am leichtesten beim Brot gelingt. Da ist es nur folgerichtig, auch Brot wieder selbst zu backen. Dann zeigt es sich rasch, daß es nicht nur beim Backen von verschiedenartigsten Brotsorten bleibt, sondern daß aus dem Grundnahrungsmittel des Vollkorns unzählige Köstlichkeiten in Form von Kuchen, Torten und wohlschmeckenden Backwaren gezaubert werden können. Dies vermittelt das Büchlein in hervorragender Weise. Und nach diesem Einstieg bleibt es gar nicht aus, daß zwangsläufig auch die übrige Kost entsprechend in eine vitalstoffreiche Vollwertkost einmündet, ein Garant für die sichere Verhütung sämtlicher ernährungsbedingter Zivilisationskrankheiten.

Das Büchlein gehört zum unentbehrlichen Handwerkszeug für den gesundheitsbewußten Feinschmecker.

Dr. M. O. Bruker
Facharzt für Innere Medizin

Lahnstein, 6. 1. 1982

Einleitung

Es ist eine Tatsache, daß in den zivilisierten Ländern trotz eines gewaltigen medizinischen Aufwandes immer mehr Menschen erkranken. Es sind nicht mehr die großen Seuchen früherer Jahrhunderte, sondern andere, bisher in dieser Häufigkeit nicht aufgetretene Schäden, die offenbar schwer zu beeinflussen sind.

Der Verdacht liegt nahe, daß ein Faktor, der den zivilisatorischen Fortschritt begleitet, daran schuld sein könnte. Namhafte Ernährungswissenschaftler wie Dr. Bircher-Benner, Prof. Kollath und Dr. M. O. Bruker haben denn auch immer wieder darauf hingewiesen, daß besonders unsere Eßgewohnheiten als Ursache dieser Krankheiten anzusehen sind. Es hat sich herausgestellt, daß trotz eines Überangebotes an Nahrungsmitteln ein Mangel an bestimmten, lebenswichtigen Stoffen, den sogenannten *Vitalstoffen,* herrscht.

Viele, vor allem junge Menschen haben die Zusammenhänge zwischen vollwertiger Ernährung und Gesundheit erkannt. Angesichts der immer stärker werdenden Bearbeitung, d.h. Denaturierung der industriell hergestellten Nahrungsmittel wächst offenbar das Bedürfnis nach einer gesunderhaltenden, natürlichen Kost. Der gute Wille, etwas an seinen Eßgewohnheiten zu ändern, scheitert aber oft an dem verwirrenden Angebot von Ratschlägen und Informationen aller Art, die meistens von den Nahrungsmittelherstellern stammen.

Da wir immer wieder gebeten werden, Back- und Kochkurse abzuhalten oder Rezepte weiterzugeben, haben wir uns entschlossen, das Beste aus unserem Erfahrungsschatz in gedruckter Form vorzulegen. Wir möchten damit anderen helfen, den Einstieg in eine vollwertige Ernährung zu finden. Nach unserer Erfahrung gelingt das am besten mit Gebäck aus Vollkornmehl, das von Anfang an durch seinen Wohlgeschmack überzeugt. Dabei ist an das tägliche Brot genau so gedacht wie an feine Backwaren und Kuchen aus natürlichen und gesunden Zutaten für besondere Gelegenheiten. Die Rezepte sind sicher und erprobt und schmecken köstlich. Großen Wert haben wir auf eine gründliche Darstellung von Hefe- und Sauerteigherstellung gelegt, so daß auch der Ungeübte damit arbeiten kann.

Dieses Buch ist aus der Praxis für die Praxis geschrieben. Wir wünschen, daß es den Weg zu vielen Menschen findet, die auf der Suche nach einer vernünftigeren, besseren und gesünderen Ernährung sind. Wenn es ihnen anhand der praktischen Anleitung gelingt, wohlschmeckende und bekömmliche Gebäcke selbst für die Familie herzustellen, ist der Zweck dieses Buches erreicht.

Oldenburg, im Oktober 1981

Warum backen mit Vollkorn?

Seit Jahrtausenden war das Getreidekorn in Europa die Grundlage der Ernährung des Menschen und seiner Gesundheit. Durch ein ideales Verhältnis von Kohlenhydraten, Eiweiß, Fetten und den für den Stoffwechsel so wichtigen Vitalstoffen (Mineralstoffe, Spurenelemente, Vitamine, Fermente, ungesättigte Fettsäuren, Aroma- und Duftstoffe) ist es von einer einzigartigen biologischen Zweckmäßigkeit und Harmonie.

Betrachtet man den abgebildeten Schnitt durch ein Getreidekorn, so kann man erkennen, daß die wertvollsten Substanzen wie bei fast allen Früchten unter der Schale und im Keim liegen. Diese Stoffe dienen der ersten, ausreichenden Ernährung der Pflanze, wenn das Korn in die Erde gelegt wurde und zu sprießen beginnt. Die selben Stoffe in ihrem ausgewogenen Verhältnis zueinander sind in der Lage, auch die wichtigste Ernährungsgrundlage des Menschen zu bilden.

Getreide ist jahrtausendelang in seiner Ganzheit verzehrt, das heißt unmittelbar nach dem Mahlvorgang für die Nahrung zubereitet worden, entweder als Brei oder als Gebäck. Im Zuge der Industrialisierung Ende des letzten Jahrhunderts trat jedoch eine entscheidende Änderung ein. Während bisher der tägliche Bedarf an Mehl mit Hilfe kleiner Mühlen gedeckt wurde, entstanden nunmehr Großmühlenbetriebe, die zur Versorgung der wachsenden Städte große Mengen Korn auf Vorrat mahlen konnten. Da aber Vollkornmehl durch seinen Gehalt an Fett nicht lagerfähig war, sondern bald ranzig und ungenießbar wurde, ging man dazu über, die wertvollen Schalenbestandteile und den Keim vom Mehlkern zu trennen. Man erhielt so ein rein weißes Produkt, das fast nur aus dem kohlenhydrathaltigen Mehlkern bestand und jahrelang haltbar blieb: das Auszugsmehl. Den Rest, die Kleie, hielt man für wertlos und benutzte ihn zur Tierfütterung.

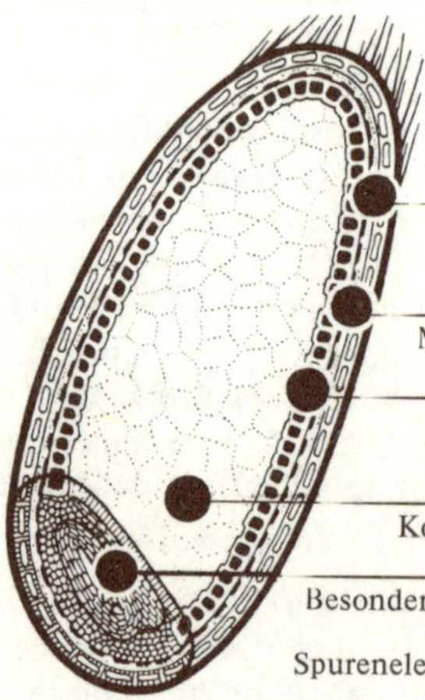

Dieses Verfahren kam der damaligen Ernährungswissenschaft entgegen, die die Nahrungsmittel ausschließlich nach ihrem Brennwert, dem sogenannten Kaloriengehalt, beurteilte und die Meinung vertrat, für die Ernährung und Gesundheit des Menschen sei ein ausgewogenes Verhältnis von Eiweiß, Fett und Kohlenhydraten ausreichend. Alle anderen Inhaltsstoffe galten als überflüssig und als Ballast für den Körper.

Die Entdeckung der ersten Vitamine hätte eigentlich zu einer Änderung dieser Auffassung führen müssen, jedoch hatte die wachsende Nahrungsmittelindustrie bereits von dieser neuen Lehre Gebrauch gemacht und stellte ihre Werbung darauf ein.

Daß durch Vitaminmangel Krankheiten entstehen können, entdeckte man sehr bald. Maßgeblich erweitert wurde die Vitaminforschung durch Professor Kollath, der durch Fütterungsversuche an Tieren über einen Zeitraum von mehreren Generationen hinweg nachwies, daß das Fehlen von bestimmten Stoffen, die er damals Auxone nannte, zu bestimmten, schweren Gesundheitsstörungen führen kann. Professor Schweigart führte dann den Begriff „Vitalstoffe" ein. Dazu gehören neben den Mineralstoffen und wichtigen Spurenelementen die Vitamine, Enzyme (Fermente) sowie ungesättigte Fettsäuren, Aroma- und Duftstoffe. Alle diese Substanzen gehen durch das Ausmahlen des Getreides verloren. Allein die Vitamine des B-Komplexes, insbesondere das Vitamin B 1 spielen eine so entscheidende Rolle im Stoffwechsel und bei der Ernährung der Nervenzellen, daß tiefgreifende Schäden durch ihren Mangel hervorgerufen werden. Auch ist es inzwischen gesicherte Erkenntnis, daß die sogenannten Ballaststoffe, die sich in den Randschichten des Kornes befinden, keineswegs überflüssig sind. Sie haben vielfältige Aufgaben im komplizierten Gesamtvorgang des Stoffwechsels und sorgen u. a. für die Regulierung der Verdauung, die Entgiftung des Körpers und für einen konstanten Cholesterinspiegel.

Dabei ist es wichtig, alle diese Stoffe im natürlichen Verband des ganzen Korns und nicht isoliert in Form von Tabletten oder „zum Drüberstreuen" zu verzehren. Manche Vitamine verändern sich an die Luft, wodurch ihre Wirkung verringert wird. Sie sind deshalb leicht zerstörbar durch Lagerung und Bearbeitung, wie sie heute in der Nahrungsmittelindustrie üblich ist.

An dieser Stelle darf auch nicht unerwähnt bleiben, daß zum Backen nur Getreide aus biologisch-organischem oder biologisch-dynamischem Anbau verwendet werden sollte, wo auf die Anwendung von Kunstdünger und giftigen Pflanzenschutzmitteln verzichtet wird. Nur ein Korn, das unter natürlichen Bedingungen auf gesundem Boden gewachsen ist, bringt die innere biologische Qualität mit, die zur Gesunderhaltung des Menschen notwendig ist.

Es ist nicht zu verhindern, daß ein Teil der empfindlichen Substanzen des gemahlenen Korns durch den Backprozeß zerstört wird. Diese teilweise Schädigung ist bei großen Broten geringer als z. B. bei Brötchen. Zum Ausgleich sollte täglich eine kleine Menge unerhitzten Getreides in Form eines **Frischkornbreis** gegessen werden. Das Rezept hierfür finden Sie auf Seite 82. Bei richtiger Zubereitung schmeckt er köstlich und ist für die Erhaltung der Gesundheit unerläßlich.

Eine ebenso negative Rolle wie das Auszugsmehl spielt in diesem Zusammenhang der *Zucker.* Damit sind allgemein alle in der Fabrik hergestellten isolierten Zuckerarten gemeint. Kennzeichnend für sie ist, daß sie aus ihrem natürlichen Zusammenhang gelöst = isoliert sind, also als chemisch reine Substanzen, praktisch ohne andere Inhaltsstoffe vorliegen. Dazu zählen außer dem weißen Haushaltszucker auch brauner Zucker (Rohrzucker), isolierter Traubenzucker, Fruchtzucker und Milchzucker. Fabrik-Zucker bringt keinerlei Begleitstoffe mit, die zu seinem Abbau im Organismus benötigt werden, wie z. B. Vitamine des B-Komplexes und Mineralstoffe. Beim Verzehr von isoliertem Zucker über längere Zeiträume entstehen daher chronische Mangelzustände. Nach Kollath werden den Zähnen und Knochen bestimmte Mineralstoffe entzogen, um andere, lebenswichtige Organe zu versorgen. Zu dem bekannten äußeren Angriff des Zuckers auf die Zähne kommt also noch die tiefgreifende Störung des Stoffwechsels.
Fabrik-Zucker wirkt als Vitamin- und Kalkräuber!

Aufgrund all dieser Erkenntnisse stellte Professor Kollath die Forderung auf, das Vollgetreide wieder zur Nahrungsgrundlage des Menschen zu machen. (Der Gesamtgetreideverzehr der zivilisierten Völker sank in den letzten 100–200 Jahren auf die Hälfte, der Verzehr von Vollkornprodukten fiel auf 10%.)

Nun bleibt noch die Frage offen: „Warum selber Brot backen?"

Weil für die Menschen, die einen Weg zu wirklich gesunder Ernährung suchen und die liebgewordenen, aber krankmachenden Eßgewohnheiten abbauen wollen, der erste Schritt zur Umstellung am leichtesten beim Brot gelingt. Es gibt aber nur wenige Bäcker, die auf all die Zusatzstoffe, die im Brot enthalten sein dürfen (Quellmittel, Bindemittel, Schimmelverhütungsmittel) verzichten und nur frisch gemahlenes Getreide aus biologischem Anbau verwenden. Man lasse sich nicht täuschen von der Farbe, der rustikalen Aufmachung und den oftmals phantasievollen Verpackungsaufschriften. Am sichersten ist, selbst zu backen! Die Qualität der Zutaten bestimmen Sie selbst, und Sie werden feststellen, daß Geschmack und Bekömmlichkeit Ihrer eigenen Backwaren unübertrefflich sind.

Außerdem: „Backen macht Spaß!"

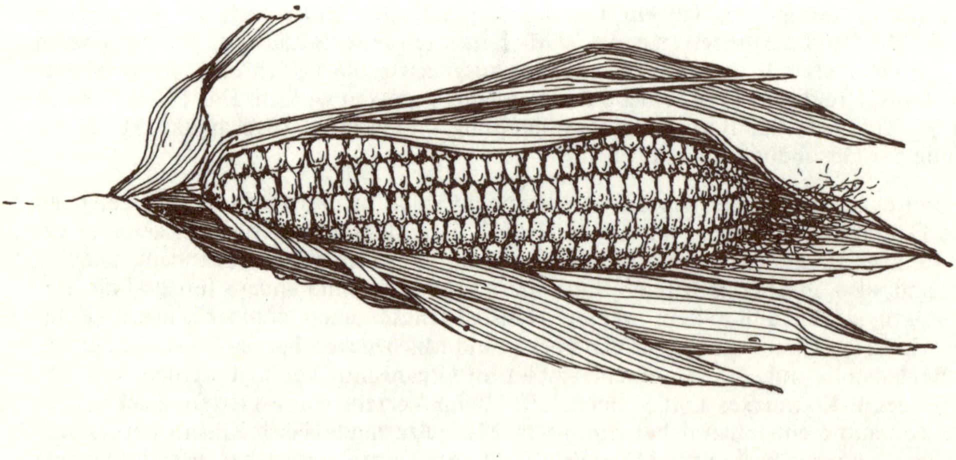

Mehltypen

Die handelsüblichen Mehle sind ausgemahlen, d. h. daß ein bestimmter Anteil des gemahlenen Getreidekorns abgetrennt und entfernt wird. Der verbleibende Rest ist in jedem Fall minderwertiger als das Ausgangsprodukt.

Man unterscheidet die Mehle nach ihrem Ausmahlungsgrad oder den **Mehltypen,** wobei der Ausmahlungsgrad angibt, wieviel Prozent des Getreide-Ausgangsgewichtes als Mehl anfällt, und der **Typenzahl,** die angibt, wieviel mg Mineralstoffe in 100 g Mehl enthalten sind. Vollkornbrote sind „hochausgemahlen", Auszugsmehle „niedrigausgemahlen".

	Type	Ausmahlungsgrad in %
Weizen	405	40%
	550	69%
	812	87%
	1050	85%
	1700	90%
Vollkornmehl		100%
Roggen	815	70%
	997	75%
	1150	80%
	1370	85%
	1800	95%
Vollkornmehl		100%

Mehle der Type 1050 bei Weizen und 1150 bei Roggen werden vom Verbraucher oft für Vollkornmehle gehalten, da sie dunkel aussehen. Sie sind zwar besser als die Typen 405 oder 815, gelten aber dennoch als Auszugsmehl, dem wichtige Bestandteile fehlen. Nur Schrote mit dem Ausmahlungsgrad von 100% sind vollwertig. Da Vollkornschrot nicht lagerfähig ist, sollte er nicht längere Zeit aufbewahrt werden. Schon nach wenigen Stunden ist durch die Berührung mit dem Luftsauerstoff ein wesentlicher Teil seiner lebenswichtigen Inhaltsstoffe verloren gegangen. Schrot in Tüten sollte ein Verbrauchsdatum tragen.

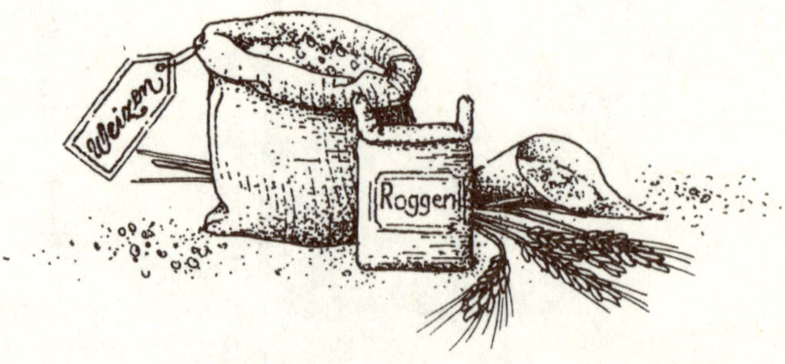

Teiglockerungsmittel:

Hefe – Reinzucht-Sauerteig – Sauerteig-Extrakt – Spezial-Backferment

Zum Lockern des Teiges, d. h. zur Erzielung einer gut und gleichmäßig aufgegangenen Krume, können verschiedene Verfahren angewandt werden. Das bekannteste ist die Verwendung von **Hefe.** Sie besteht aus Hefe-Pilzen, die bei entsprechender Temperatur den Stärkeanteil des Getreides chemisch umbauen, und zwar über Zucker zu Alkohol und Kohlensäure. Die Gasbläschen der Kohlensäure verteilen sich bei diesem Gärvorgang gleichmäßig in dem zähen Teig - er steigt hoch.

Die Teiglockerung durch Hefe erfolgt in sehr kurzer Zeit.

Im Gegensatz zum Sauerteig kann der Hauptteig ohne längere Stehzeiten hergestellt werden. Geeignet ist Hefe vor allem für die Verarbeitung von Weizen. Er enthält eine Eiweißverbindung, den Kleber, der elastisch und dehnbar ist und mit Hilfe der Hefepilze ein schön gelockertes, voluminöses Gebäck ergibt.

Zur Herstellung von Roggen-Backwaren benötigt man Säure, die die Inhaltsstoffe des Getreides aufschließt. **Sauerteig** als Grundlage dieses Säuerungsprozesses erhält man entweder bei einem Bäcker, oder er wird innerhalb weniger Tage selbst hergestellt (siehe Rezept Seite 17). Das längere Stehenlassen einer Mischung aus Roggenschrot und Wasser, die mehrmals aufgefrischt wird, bewirkt die Ansiedlung von Bakterienstämmen, die Milchsäure, Essigsäure, Kohlensäure und Wasserstoff produzieren. Diese Stoffe bilden die Grundlage für das Auftreten von Hefepilzen, die nun ihrerseits eine alkoholische Gärung in Gang setzen und aus dem Stärkeanteil des Getreides Alkohol und Kohlensäure produzieren und die erwünschte Teiglockerung bewirken.

Sauerteig ist also imstande, mit Hilfe einer bestimmten Mikroorganismenwelt, die auf den Nährboden Roggenmehl abgestimmt ist, das Getreide in seinen Inhaltsstoffen aufzuschließen und für den menschlichen Organismus verfügbar zu machen.

Echte Sauerteigbrote sind aromatisch, schmackhaft und bekömmlich.

Eine Variante zum Sauerteig bildet der Sauerteig-**Extrakt** von der Fa. Böcker. Nach Angaben des Herstellers wird er aus Reinzucht-Sauerteig in schonendem Verfahren durch Wasserentzug und Pulverisierung gewonnen. Das Arbeiten mit diesem Extrakt erlaubt die Herstellung eines Sauerteigbrotes in direkter Führung, das heißt ohne langwierige Gärzeiten. Es hat also vorwiegend arbeitstechnische Vorteile. Man erzielt damit ein sehr gut schmeckendes Sauerteigbrot.

Ein weiteres Teiglockerungsmittel steht in dem **Spezial-Backferment** nach Hugo Erbe zur Verfügung. Es wurde auf der Grundlage von Honig und Leguminosenmehl in Verbindung mit Getreide entwickelt. Dieses Spezial-Backferment hat gleichmäßige Gärungseigenschaften und ist leicht zu handhaben, auch im Haushalt. Es stellt insofern eine Besonderheit dar, als es sowohl für Roggen als auch für Weizen geeignet ist und sogar die Verarbeitung anderer Getreidesorten wie Gerste, Hafer, Mais, Reis und Hirse zu Brot erlaubt.

Herstellung von Hefebrot aus Vollkorn

Wer bisher mit Auszugsmehl gebacken hat, wird vielleicht nicht auf Anhieb mit diesem frisch gemahlenen Vollkornmehl zurechtkommen. Es ist in der Struktur grober, zwischen den Fingern fühlt es sich körnig an, auch ist es dunkler als Auszugsmehl. Jedoch läßt sich aus diesem Vollkornschrot auch ganz ohne Zusatz von Auszugsmehl einwandfreies, wohlschmeckendes Gebäck herstellen, wenn einige Regeln beachtet werden. Dann kann auch jeder Ungeübte in kurzer Zeit die Technik der Teigherstellung und -bearbeitung erlernen.

Zunächst sollen einmal Begriffe erklärt werden. Mit **Schrot** wird ein Mahlgut bezeichnet, das alle Bestandteile des Korns enthält, ganz gleich, ob das Getreide grob oder fein gemahlen worden ist. Vielfach wird angenommen, grobe Bestandteile oder ganze Körner seien besonders wertvoll. Wer gerne kaut und etwas zwischen den Zähnen haben möchte, kann ruhig etwas grober mahlen. Jedoch läßt sich Feinschrot leichter verarbeiten als grober. Bei sehr fein gemahlenem Schrot fällt relativ mehr Mehlkörper an, und das Teiglockerungsmittel, Hefe oder Sauerteig, kann besser arbeiten. Es ist nicht ganz einfach, aus einem groben Schrot ein schnittfestes Brot herzustellen, das nicht stark krümelt oder beim Anschneiden auseinanderfällt. Für den Anfang sollte man die Mühle lieber fein stellen.

Je nach Art der Getreidemühle sollte darauf geachtet werden, daß die Temperatur des Mahlgutes nicht zu hoch wird. Hier muß die Anweisung der Hersteller genau gelesen werden. Kritische Temperaturen liegen über 38 °C.

Bei allen auf den folgenden Seiten angegebenen Rezepten ist die **Arbeitsweise** gleich:

Während das abgewogene Getreide durch die Mühle läuft, werden die übrigen Zutaten bereitgestellt. Das frische Vollkornmehl muß sofort weiterverarbeitet werden, um Verluste durch den hinzutretenden Luftsauerstoff zu vermeiden. Die Hefe wird mit einem Teil der abgewogenen Flüssigkeit und einem Teil Vollkornmehl in einer kleinen Schüssel zu einem dicken Brei angerührt. Zugedeckt bleibt er ca. 10 Minuten stehen. In eine genügend große Schüssel gibt man nun die restliche Flüssigkeit und die Gewürze und rührt von der Mitte aus den frischen Schrot darunter. Dann gibt man die angerührte Hefe, die inzwischen kleine Gärblasen zeigt, darunter und arbeitet so lange, bis alles Mehl aufgenommen worden ist. Nun kommt das Wichtigste, das Kneten. Mit einer Hand greift man etwas Teig vom Rand und drückt mit dem Handballen nach der Mitte hin fest an. Die andere Hand dreht nach jeder dieser Knetbewegungen die Schüssel ein kleines Stück weiter. Der anfänglich klebrige, feuchte Teig wird im Laufe dieses wiederholten Knetens fester, bis er sich allmählich zu einem geschmeidigen Kloß formt, der sich von der Hand und von der Schüssel löst. Das Kneten kann auch auf einer bemehlten Arbeitsfläche vorgenommen werden, wobei von Zeit zu Zeit ganz wenig Streumehl daruntergegeben werden muß, um ein Ankleben zu verhindern. Dabei bleibt die Unterseite des Teigstückes immer unten, wobei nach einiger Zeit eine glatte Fläche, die sog. **Teighaut** entsteht. Die Oberseite, in die laufend Teig vom Rand eingeschlagen wird, heißt **Teigschluß.** Vom richtigen und ausreichenden Kneten hängt die Qualität des fertigen Brotes ab. Krümeliges Brot ist meist nicht lange genug geknetet worden.

Die Beschaffenheit dieses Teigstückes ist weitgehend Gefühlssache. Wichtig ist dabei, die Flüssigkeit richtig zu dosieren. Sie kann je nach Getreidesorte, Lagerung oder Feinheitsgrad der Mahlung schwanken. Feiner Schrot erfordert weniger Flüssigkeit als grober.

Die in den folgenden Rezepten angegebenen Flüssigkeitsmengen sind aus diesem Grunde nur ungefähre Werte.

Ist der Teig zu naß, läßt er sich schwer formen, ist er zu trocken und fest, geht er schlecht auf und neigt beim fertigen Gebäck zum Krümeln. Die Beurteilung der Teigkonsistenz ist weitgehend Erfahrungssache, doch mit der Übung kommt auch die Sicherheit.

Selbstverständlich kann der Teig auch in einer Küchenmaschine hergestellt werden, doch sollte auch dabei die Teigfestigkeit mit der Hand geprüft werden.

Nach mindestens 12-15 Minuten Knetzeit wird der Teig in die Schüssel gelegt, mit etwas Mehl bestäubt und zugedeckt, damit er nicht austrocknet, und zum Gehen in die Wärme gestellt. Zimmertemperatur reicht meist aus, oder man stellt die Schüssel bis über die Mitte in ein größeres Gefäß mit Wasser (37 °C).

Die Zeit, in der das Teigstück durch den Gärvorgang hochsteigen soll, ist die **1. Teigruhe.** Sie ist bei Schrotteigen sehr viel kürzer als bei solchen aus Auszugsmehl.

Der Teig, der inzwischen sichtbar gelockert ist und kleine Gärbläschen zeigt, wenn man ihn durchschneidet, wird nun auf eine bemehlte Unterlage gekippt und nochmals kurz und kräftig durchgeknetet, wobei nach derselben Weise verfahren wird wie oben. Dies ist wichtig, da auf diese Art die Bläschen herausgedrückt werden und das fertige Gebäck eine gleichmäßige Struktur erhält.

Nun kann ausgeformt werden, entweder zu Broten oder zu Kleingebäck. Kleine Stücke wie **Brötchen** werden rund gerollt, indem man die Teigstücke flach auf den Tisch drückt und mit der Handfläche kreisende Bewegungen nach einer Seite macht. Allmählich entsteht unter der Hand ein runder, glatter Ball. Wem dieses Verfahren zu schwierig erscheint, kann genau wie beim Kneten der großen Teigstücke verfahren, indem man immer von außen nach innen einschlägt und andrückt. Diese kleinen Brötchen werden mit kaltem Wasser bestrichen, evtl. mit Mohn, Sesam, Kümmel oder Nüssen bestreut, mit der Schere eingeschnitten oder mit einem käuflichen Semmelstupfer eingedrückt und auf ein Backbleck gelegt.

Brote werden schön gleichmäßig rund oder länglich gewirkt und entweder in eine gründlich ausgefettete Backform gelegt, oder man kann sie in ein Gärkörbchen aus Peddigrohr geben. In die Form legt man das Teigstück mit dem Teigschluß nach unten, in das Körbchen nach oben.

Um ein Ankleben am Körbchen zu verhindern, muß es gründlich mit Schrot ausgestreut werden. In beiden Fällen sollte gut mit Handtüchern abgedeckt werden, evtl. mit Folie.

Die nun folgende Gehzeit ist die **2. Teigruhe.**

Zum **Backen** immer in den vorgeheizten Ofen schieben. Bewährt hat sich auch das Auslegen der Bleche mit Backtrennpapier, das ein Ankleben verhindert und die Reinigung erspart.

Um eine schöne Oberfläche zu erzielen, wird ein kleines Gefäß mit heißem Wasser mit in den Ofen gestellt, das **Wasserdampf** abgibt.

Die angegebenen Temperaturen stimmen nicht immer mit den wirklich erreichten der Herde überein. Es wird deshalb gut sein, seinen Herd zu beobachten, ob er evtl. höher oder niedriger eingestellt werden muß als angegeben.

Der Teig in den Backformen wird mit Wasser bestrichen und evtl. mit dem Messer eingeritzt. Im Körbchen gegangene Brote kippt man vorsichtig auf das Blech, läßt sie entweder bemehlt oder streicht sie ebenfalls mit Wasser ein.

Um ein Aufreißen zu verhindern, sticht man mit einer Gabel mehrmals ein. Eingeschoben wird so, daß das Gebäck in der Mitte steht.

Brot niemals einstechen, um festzustellen, ob es gar ist, da es in heißem Zustand immer klebt. Eine gute Methode ist, das Brot leicht mit dem Handrücken abzuklopfen. Klingt es hohl, ist es gar. Da beim Backen ein Gewichtsverlust von 10–12% auftritt, läßt sich auch durch Wiegen vor und nach dem Backen feststellen, ob das Brot fertig ist.

Nach dem Herausnehmen legt man das Gebäck zum Auskühlen auf ein Gitter. Kleingebäck kann noch warm verzehrt werden, bei Brot sollte gewartet werden, bis es sich schneiden läßt, was schon nach einer Stunde der Fall sein kann.

Frisches Hefegebäck ist eine Köstlichkeit und keineswegs schwer verdaulich, wie manchmal behauptet wird.

Alles Hefegebäck eignet sich vorzüglich zum Einfrieren.

Um Schimmelbildung zu verhindern, sollte das Brot richtig ausdampfen, damit die Feuchtigkeit von innen nach außen abziehen kann. Luftige Lagerung ist wichtig, z. B. in einem Tontopf. Auch die Aufbewahrung in einem Leinensäckchen hat sich bewährt.

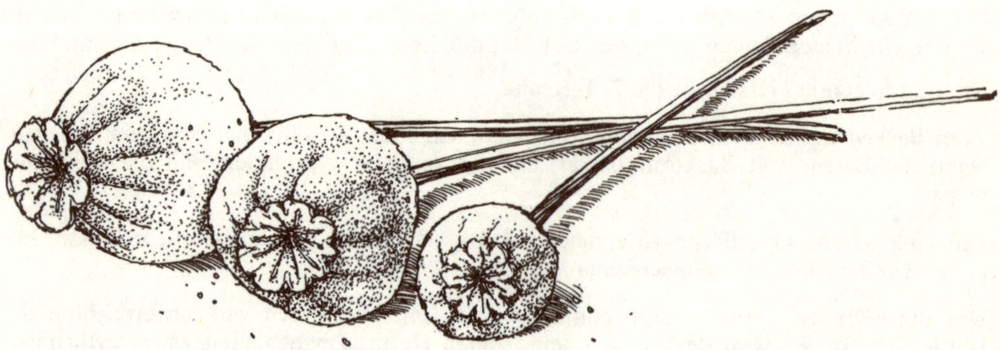

Herstellung von Reinzucht-Sauerteig im Haushalt

Ein sogenannter **Grundsauerteig** kann entweder beim Bäcker gekauft oder innerhalb von 3 Tagen aus Roggen und Wasser selbst hergestellt werden.

1. Tag: 100 g feiner Roggenschrot wird mit 100 g Wasser (37 °C) verrührt. Als Start der Säuerung kann ½ Tasse Buttermilch oder Sauermilch, angewärmt, zugegeben werden. Die Masse wird in einen angewärmten Steintopf oder in ein Porzellangefäß gegeben, mit einem Tuch zugebunden und warm gestellt, am besten mit Kissen und Decken abgedeckt. Evtl. kann ein Heizkissen auf Stufe 1 oder eine Wärmflasche daraufgegeben werden. Gleichbleibende Wärme, nicht über Körpertemperatur, muß gewährleistet werden. Am besten abends ansetzen.

2. Tag: abends umrühren, wieder zudecken.

3. Tag: abends zufügen: 260 g Roggenmehl oder feinen Schrot, 140 g warmes Wasser, 37 °C, gut vermengen, zudecken, warm halten.

Am Morgen des **4. Tages** ist der **Grundsauerteig** fertig. Dieser Grundsauerteig kann in einem Schraubglas im Kühlschrank wochenlang aufbewahrt werden.

Mit Grundsauerteig wird zum Brotbacken abends ein Vorteig angesetzt, der genau so eingepackt und warmgehalten wird (siehe oben).

Beispiel:
35 g Grundsauerteig aus dem Kühlschrank mit 350 g Roggenschrot und 250 g warmem Wasser (37 °C) gut vermischen. Zudecken, über Nacht warm halten. Diese Menge ergibt 635 g Sauerteig. Für ein Rezept wird z. B. 600 g Sauerteig gebraucht, dann bleiben also 35 g übrig, die man wieder kühl stellt ür den nächsten Backtag.

Am anderen Morgen muß der Vorteig kräftig durchgegoren sein und sauer riechen – Blasenbildung!

Gewürze, die gut zu Roggen passen, sind: Kümmel, Rosmarin, Fenchel, Koriander.

Herstellung von Sauerteigbrot aus Vollkorn

Backen mit Sauerteig gilt als zeitraubend und schwierig. Zu Unrecht, denn alles, was man sicher beherrscht, erfordert wenig Zeit, und Schwierigkeiten lassen sich durch Übung und genaues Befolgen von Anleitungen überwinden.

Ganz allgemein gelten dieselben Regeln wie für den Hefeteig - mit einigen Ausnahmen. Sauerteig verlangt etwas höhere Temperaturen, weshalb die Flüssigkeit warm genug sein muß, etwa 50 °C. Buttermilch muß dabei ständig gerührt werden, damit sie nicht gerinnt. Bei Schrotmischungen mit einem Weizenanteil wird etwas Hefe mitverarbeitet, die aber bei 37 °C angesetzt wird. Sie wird deshalb erst zugegeben, wenn der Teig schon etwas angeknetet ist.

Teige mit hohem Roggenanteil neigen zum Kleben, das ist normal. Dem sollte nicht abgeholfen werden, indem größere Mengen Schrot eingearbeitet werden. Durch gelegentliches Naßmachen der Hände erreicht man eine leichtere Bearbeitung.

Brot, vor allem Sauerteigbrot, wird mit relativ hohen Anfangstemperaturen ausgebacken. Nach einer ersten, kurzen Phase mit Wasserdampf wird die Temperatur zurückgenommen, das Wassergefäß herausgeholt. Es wird also mit abfallender Temperatur gebacken. Die Gare läßt sich ebenso wie beim Hefebrot durch Abklopfen oder Wiegen feststellen.

Nach dem Auskühlen läßt man das Brot 24 Stunden offen liegen. In dieser Zeit kann die Flüssigkeit aus dem Inneren nach außen abziehen, sodaß die Kruste trocken bleibt.

Herstellung von Backferment-Brot

Wenn mit Sekowa-Spezial-Backferment gebacken werden soll, muß der Grundansatz zur Verfügung stehen.

Der **Grundansatz** ist ein gärender Teig, der aus dem **Spezial-Backferment** (ein trockenes Granulat) bereitet wird.

Der Grundansatz kann fertig bezogen oder selbst hergestellt werden. Jeder Sekowa-Backferment-Dose liegt eine genaue Rezeptur bei.

Teigansatz:
Der Teigansatz ist ein Vorteig, der möglichst nachmittags oder abends zubereitet werden soll, da er mindestens 12 Stunden warm stehen muß.

Zutaten: 10 g Grundansatz (1 gut gehäufter Teelöffel)
3 g Backferment (1 leicht gehäufter Teelöffel)
300–400 g Vollkornmehl, grob oder fein gemahlen oder ein Gemisch von beiden
300–400 g lauwarmes Wasser (ca. 30 °C)

Zubereitung: Grundansatz und Backferment mit einem kleinen Teil des Wassers klümpchenfrei auflösen, dann das frisch gemahlene Vollkornmehl und das restliche Wasser zufügen und gründlich vermengen. In einer ausreichend großen Schüssel muß der Teig gut abgedeckt an einem warmen Ort mindestens 12 Stunden stehen bleiben (20–25 °C). Er kann auch bis zu 20 Stunden stehen, dann muß allerdings mit einer starken Säuerung gerechnet werden. Nach dieser Zeit muß der Teig lebhaft gären, er muß ausgereift sein. Das ist erreicht, wenn der Ansatz nicht mehr hochsteigt, sondern bereits etwas zurückfällt. Reißt man die obere Schicht des Teiges auf, zeigen sich viele Gasbläschen.

Hauptteig:
Zutaten: 700 g oder 600 g frisch gemahlenes Vollkornmehl
(die gesamte Mehlmenge soll 1 kg betragen)
ca. 15 g Salz (gelöst in etwas Wasser)
350–450 g sehr warmes Wasser (ca. 55 °C)
(die Menge richtet sich nach der Schrot- oder Mehlart)

Zubereitung: Alle Zutaten mit dem Vorteig vermengen und dann sehr gut durchkneten, bis ein geschmeidiger Teig entsteht.
An einem warmen Ort zugedeckt 40–45 Min. stehen lassen, bis sich eine gute Lockerung zeigt. Den aufgegangenen Teig mit etwas Streumehl wieder gut durchkneten und in eine gefettete Backform, auch Römertopf, legen. Gut abgedeckt an einem warmen Ort 40–50 Min. stehen lassen. Die Oberfläche darf nicht austrocknen. Die Garzeit ist beendet, wenn der Teig nicht mehr rund, sondern etwas abgeflacht ist und sich an der Oberfläche kleine Risse zeigen. Erst durch Erfahrung lernt man beurteilen, wann der richtige Zeitpunkt der Gare erreicht ist. Brote mit zu knapper Gare reißen auf, Brote mit richtiger Gare sind leicht gewölbt und Brote mit Übergare fallen an der Oberfläche ein.

Backen: Das Backen erfolgt bei einer Temperatur von ca. 220 °C und dauert je nach Größe der Brote 1–2 Std. (1 Std. etwa bei 1 kg Brot). Die Oberhitze darf nicht zu stark sein. Vor dem Einschieben ein Schälchen mit kochendem Wasser in die Backröhre stellen.

BROT

Weizen-Vollkornbrot

Zutaten:

650 g frisch gemahlener Weizen
450 g Wasser (20 °C)
15 g Meersalz
40 g Hefe
1 Eßl. Öl
etwas geriebene Muskatnuß

Zubereitung:
siehe Herstellung von Hefeteig Seite 14

Aus den angegebenen Zutaten arbeitet man einen geschmeidigen Teig.

1. Teigruhe: 15 Minuten
2. Teigruhe: 10 Minuten
Backform oder Körbchen

Backen:
20 Minuten mit Dampf bei 250 °C
15. Minuten ohne Dampf bei 200 °C

Die Backzeit kann variieren, da aus dieser Masse 1 oder 2 Brote geformt werden können.

Buttermilchbrot

Zutaten:

700 g Weizen, frisch gemahlen
350 g Roggen, frisch gemahlen
60 g Hefe
700 g Buttermilch (warm)
20 g Meersalz

Zubereitung:
siehe Herstellung von Hefeteig Seite 14

Aus den angegebenen Zutaten arbeitet man einen geschmeidigen Teig.

1. Teigruhe: 10–15 Minuten
2. Teigruhe: 20 Minuten
Backform oder Körbchen

Backen:
Vor dem Einschieben mit Wasser bepinseln, einschneiden oder mit der Gabel einstechen.

ca. 25 Minuten mit Dampf bei 250 °C
ca. 15 Minuten ohne Dampf bei 200 °C

Leinsamenbrot

Zutaten:

650 g Weizen, frisch gemahlen
125 g Leinsamen
450 g (etwa) Wasser (20 °C)
40 g Hefe
15 g Salz
für 1 oder 2 Brote

Zubereitung:

siehe Herstellung von Hefeteig Seite 14

Leinsamen kann zusammen mit dem Weizen in der Mühle gemahlen werden (Gebrauchsanleitung beachten!), jedoch nicht in Steinmühlen.

1. Teigruhe: 10–15 Minuten
2. Teigruhe: 20 Minuten

Backen:

ca. 20 Minuten mit Dampf bei 225 °C
ca. 15 Minuten ohne Dampf bei 200 °C

Toastbrot

Zutaten:

1500 g Weizen, frisch gemahlen
60 g Hefe
30 g Meersalz
1 Ei
50 g Sauerteig
60 g Butter
900 g Wasser

Zubereitung:

siehe Herstellung von Hefeteig Seite 14

50 g **Grundsauerteig** mit 250 g Schrot und 350 g Wasser (warm) anrühren und 2–3 Stunden stehen lassen. Danach die restlichen Zutaten mit der Hefe zu einem geschmeidigen Teig arbeiten.

1. Teigruhe: 15 Minuten
2. Teigruhe: ca. 30 Minuten im Kasten

Diese Menge reicht für 2 Backformen

Backen:

10 Minuten bei 250 °C mit Dampf
30 Minuten bei 200 °C ohne Dampf

Roggenstuten

Zutaten:

400 g Weizen, frisch gemahlen
400 g Roggen, frisch gemahlen
125 g Butter
50 g Hefe
10 g Meersalz
50 g ganzer Anis
1 Eßl. Honig
400 g Flüssigkeit
halb Milch, halb Wasser

Zubereitung:

siehe Herstellung von Hefeteig Seite 14

Wasser und ganzen Anis zusammen aufkochen und abkühlen lassen, mit den restlichen Zutaten einen geschmeidigen Teig bereiten.

1. Teigruhe: 30 Minuten
2. Teigruhe: 20 Minuten im Kasten

Backen:

20 Minuten mit Dampf bei 250 °C
15–20 Minuten ohne Dampf bei 200 °C

Roggenstuten schmeckt am besten mit Roggen aus neuer Ernte.

Rosinenstuten

Zutaten:

700 g Weizen, frisch gemahlen
100 g Butter
1 Eßl. Öl
50 g gemahlene Haselnüsse
250 g Rosinen
etwas Rum
60 g Hefe
10 g Meersalz
2 Eßl. Honig
400 g Milch

Zubereitung:

siehe Herstellung von Hefeteig Seite 14

Rosinen mit 4 Eßl. Rum beträufeln und zugedeckt 2 Stunden stehen lassen. Aus den angegebenen Zutaten einen geschmeidigen Hefeteig bereiten, zuletzt die eingeweichten Rosinen darunterkneten.

1. Teigruhe: 30 Minuten
2. Teigruhe: 20 Minuten in der Backform, mit Wasser bestreichen

Backen:

20 Minuten mit Dampf bei 225 °C
15–20 Minuten ohne Dampf bei 200 °C

Haferstuten

Zutaten:

350 g Weizen, fein gemahlen
230 g Hafer, mittelgrob gemahlen
300 g Milch
25 g Hefe
50 g Wasser
2 Teel. Honig
10 g Salz
2 Eßl. Öl oder Butter
4 Eßl. Apfel- oder Birnendicksaft
1 Messerspitze Anis, gemahlen

Zubereitung:

siehe Herstellung von Hefeteig Seite 14

Der mittelgrob gemahlene Hafer wird in der Milch 30 Minuten eingeweicht. Hefe mit 50 g Wasser und etwas Weizen anrühren, 10 Minuten stehen lassen. Aus den übrigen Zutaten einen Teig kneten, den gequollenen Hafer zugeben, ebenso die angerührte Hefe.

1. Teigruhe: 20 Minuten
2. Teigruhe: 10 Minuten

Nach der 1. Teigruhe kräftig durchkneten und zwei kleine Brote formen. Die glatte Seite mit Wasser bestreichen und dicht mit grob gemahlenem Hafer bestreuen. Auf bemehltes Blech legen und einschneiden oder mit Gabel einstechen.

Backen:

10 Minuten bei 250 °C mit Dampf
25–30 Minuten bei 200 °C ohne Dampf

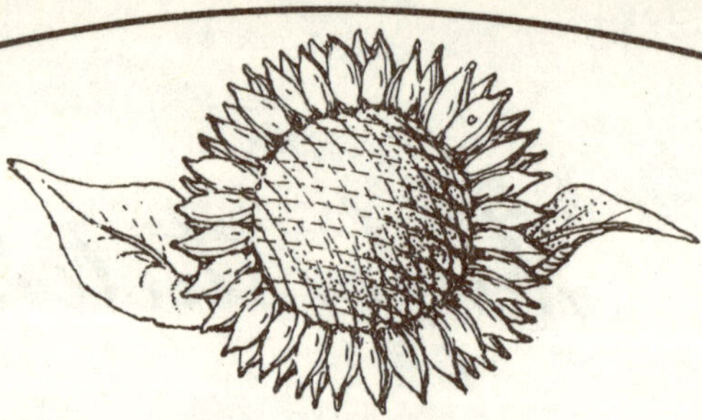

Sonnenblumenbrot

Zutaten:

500 g Weizen, frisch gemahlen
150 g Roggen, frisch gemahlen
40 g Hefe
10 g Salz
200 g Sonnenblumenkerne
450 g Flüssigkeit
halb Milch, halb Wasser
1 Eßl. Koriander zum Mitmahlen

Zubereitung:

siehe Herstellung von Hefeteig Seite 14

Brotteig bereiten und zuletzt die ganzen Sonnenblumenkerne unterkneten.

1. Teigruhe: 20 Minuten
2. Teigruhe: 20 Minuten im Körbchen

mit Wasser bestreichen und mit der Gabel ringsum einstechen.

Backen:

20 Minuten mit Dampf bei 250 °C
15 Minuten ohne Dampf bei 200 °C

Kraüterbrot im Kasten

Zutaten:

700 g Weizen, frisch gemahlen
40 g Hefe
20 g Meersalz
30 g Butter
1 Eßl. Öl
400 g Wasser

Kräuter:

1 Bund Petersilie, Schnittlauch, etwas Dill, 1 Blättchen Liebstöckel, Basilikum, 1 Blättchen Salbei etc., 1 Eßl. ganzer schwarzer Pfeffer

Zubereitung:

siehe Herstellung von Hefeteig Seite 14

In den kurz bearbeiteten Teig die kleingeschnittenen Kräuter einkneten.

1. Teigruhe: 10 Minuten
2. Teigruhe: 20 Minuten im Kasten

Oberfläche rautenförmig mit dem Messer einschneiden. Pfefferkörner auf dem Holzbrett kleindrücken und aufstreuen.

Backen:

20 Minuten mit Dampf bei 225 °C
15 Minuten ohne Dampf bei 200 °C

Stangenbrote *mit verschiedenen Gewürzen*

Zutaten:

700 g Weizen, frisch gemahlen
100 g Roggen, frisch gemahlen
100 g Butter
3 Eßl. Öl
40 g Hefe
20 g Meersalz
ca. 350-400 g Wasser (warm)
oder halb Wasser, halb Buttermilch
etwas geriebene Muskatnuß

Zubereitung:

siehe Herstellung von Hefeteig Seite 14

Aus den nebenstehenden Zutaten einen geschmeidigen Teig arbeiten.

1. Teigruhe: 20 Minuten

Danach gut durcharbeiten und in 4 gleiche Teile schneiden.

1. Teil: Auf dem Tisch mit einer glasig gedünsteten Zwiebel (abgekühlt) kneten. In 2 Teile teilen, lange Stränge rollen, umeinanderschlingen und auf eckiges Backblech legen.

2. Teil: Mit 4 Eßlöffeln ger. Käse verkneten, lange Rolle formen, auf Blech legen und mit der Schere mehrmals einschneiden.

3. Teil: Mit 5 Eßlöffeln Sonnenblumenkernen verkneten. in 3 Teile teilen, Rollen formen, Zopf flechten, auf Blech legen.

4. Teil: Mit 1-2 Eßlöffeln Kümmel und 1 Eßlöffel Paprika verkneten, eine dicke Rolle formen, auf Blech legen.
Alle 4 Stränge liegen nun nebeneinander und werden mit Wasser eingepinselt, Nr. 3 mit Sonnenblumenkernen bestreut und Nr. 4 dünn mit Paprika und Kümmel.

2. Teigruhe: 15 Minuten (zudecken)

Backen:

etwa 25-30 Minuten mit Dampf bei 225 °C

Warm servieren! Zum Einfrieren geeignet.

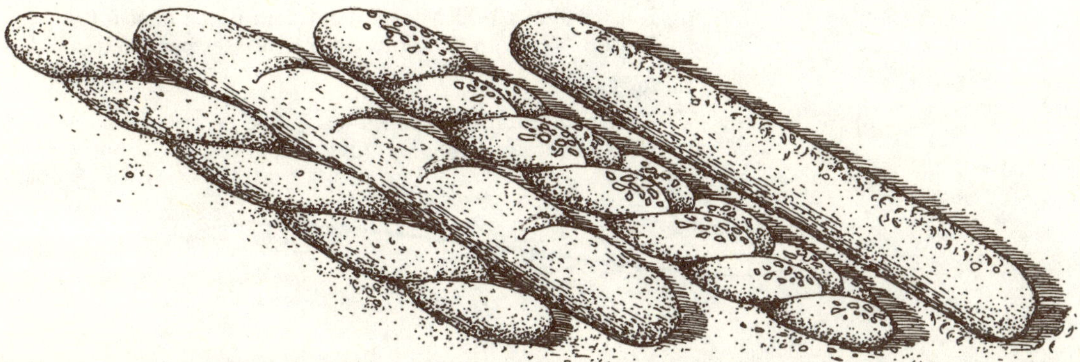

Zwiebelbrot

Zutaten:

650 g Weizen, frisch gemahlen
40 g Hefe
15 g Meersalz
3–4 große Zwiebeln
2 Eßl. Butter
ca. 300 g Wasser

Zubereitung:

siehe Herstellung von Hefeteig Seite 14

Die Zwiebeln werden kleingeschnitten, in der Butter glasig gedünstet (nicht braun), und abgekühlt in den kurz bearbeiteten Teig gegeben und mitgeknetet.

Vorsicht bei der Flüssigkeitsmenge – sie kann schwanken durch die Zwiebelmasse. Lieber etwas Wasser zurücklassen und den Teig eher fest lassen.

1. Teigruhe: 20 Minuten
2. Teigruhe: 10–15 Minuten auf dem Blech oder im Kasten. Vor dem Einschieben mit Wasser bestreichen.

Backen:

20–25 Minuten mit Dampf bei 225 °C
10–15 Minuten ohne Dampf bei 200 °C

Kürbisbrot

Zutaten:

650 g Weizen, frisch gemahlen
150 g Roggen, frisch gemahlen
500 g Kürbismus
40 g Hefe
2 Eßl. Honig
20 g Meersalz
2 Eßl. Butter
½ Teel. Ingwerpulver

Zubereitung:

siehe Herstellung von Hefeteig Seite 14

Kürbis einer beliebigen Sorte (z. B. auch Zucchini) schälen, in kleine Stücke schneiden und mit wenig Wasser kurz zu Mus kochen.

Dieses Mus wird anstelle der sonst angegebenen Flüssigkeit verwendet. Alles zusammen zu einem geschmeidigen Teig verarbeiten.

Teig teilen und zwei runde Brote formen. Von jedem Stück einen Teil von etwa Brötchengröße abnehmen, rund wirken und obenauf setzen. Evtl. außenherum mehrmals einschneiden. Mit Eigelb bestreichen.

1. Teigruhe: 45 Minuten
2. Teigruhe: 15 Minuten auf dem Blech

Backen:

20 Minuten bei 200 °C
10 Minuten bei 150 °C ohne Dampf

Gerstenbrot

Zutaten:

200 g Gerste
500 g Weizen, frisch gemahlen
30 g Hirse
500 g Wasser
2 Eßl. Honig
30 g Hefe
2 Teel. Meersalz
2 Eßl. Öl
1 Eßl. Birnendicksaft

Zubereitung:

siehe Herstellung von Hefeteig Seite 14

Gerstenkörner darren: entweder auf dem Backblech etwa 1 Stunde bei 80 °C oder in der Pfanne bei schwacher Hitze und ständigem Umrühren, bis die Körner goldgelb sind und duften. Abkühlen lassen und fein mahlen. Weizen und Hirse zusammen mahlen. Hefe mit einem kleinen Teil der Flüssigkeit und etwas gemahlenem Weizen anrühren und 10 Minuten stehenlassen. Aus allen angegebenen Zutaten einen geschmeidigen Teig kneten, mindestens 10 Minuten.

1. Teigruhe: 30 Minuten
2. Teigruhe: 10 Minuten

Nach der 1. Teigruhe kräftig durchkneten und zwei kleine Brote formen. die glatte Seite mit Wasser bestreichen und dicht mit grob gemahlener Gerste bestreuen. Sternförmig einschneiden.

Backen:

10 Minuten bei 250 °C mit Dampf
ca. 30–35 Minuten bei 200 °C ohne Dampf

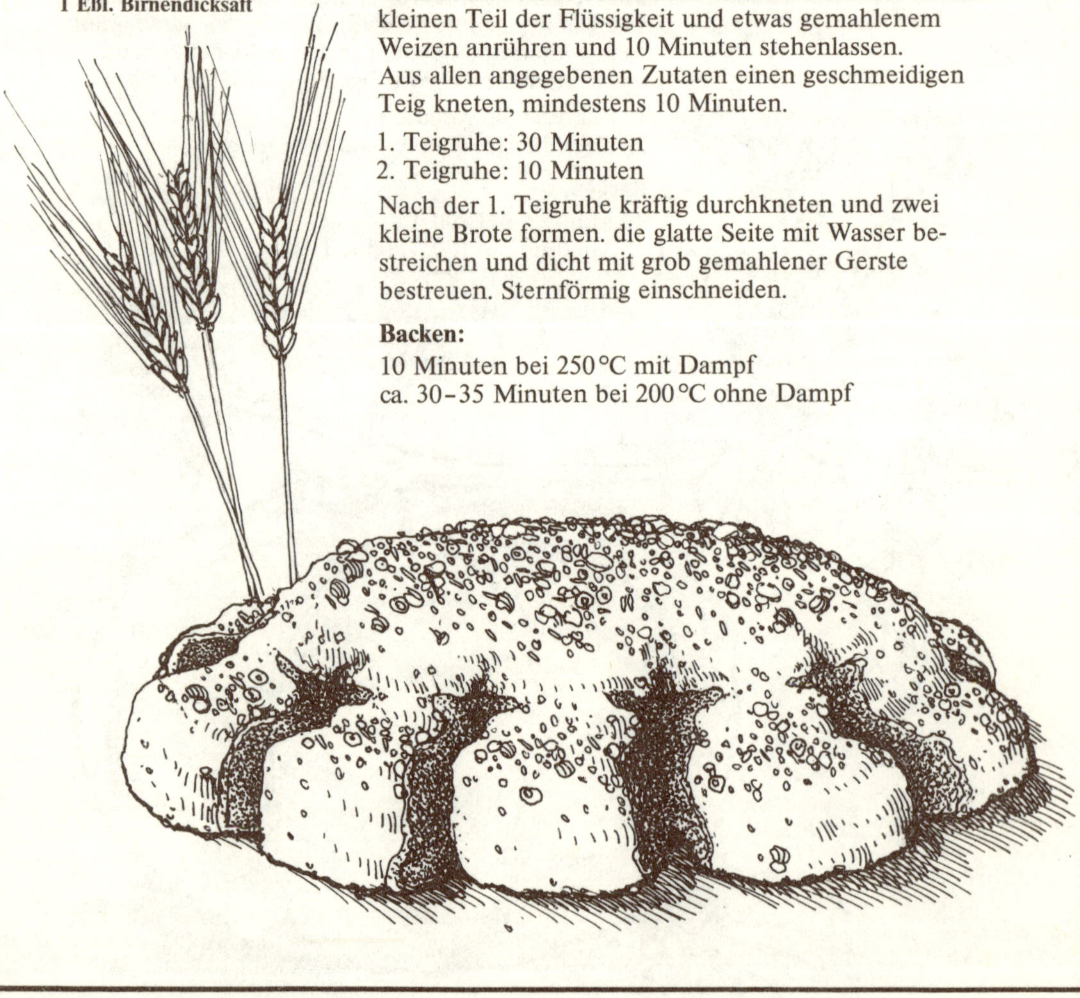

Roggenschrotbrot

mit Sauerteig (80% Roggen)

Zutaten:

500 g Roggen, frisch gemahlen
200 g Weizen, frisch gemahlen
600 g Sauerteig
370–400 g Wasser oder Buttermilch oder Molke
20 g Meersalz
20 g Hefe
1 Eßl. Quark
Kümmel, Koriander oder Fenchel

Zubereitung:

Der Sauerteig muß 12 Stunden angesetzt werden (siehe Herstellung von Sauerteigbrot Seite 17 + 18)

Die Hefe mit etwas Flüssigkeit und Weizenschrot anrühren, stehen lassen und erst dem Teig zugeben, wenn er schon etwas angeknetet ist.

1. Teigruhe: 30 Minuten
2. Teigruhe: 30 Minuten im Körbchen

Oberfläche bemehlen

Backen:

5 Minuten bei 300 °C mit Dampf
40–45 Minuten bei 220 °C ohne Dampf

Bauernbrot

Roggenmischbrot mit Sauerteig (60% Roggen)

Zutaten:

500 g Weizen, frisch gemahlen
500 g Roggen, frisch gemahlen
500 g Sauerteig
600 g Wasser oder Buttermilch oder Molke
20 g Meersalz
20 g Hefe
2 Eßl. Quark
Kümmel oder Fenchel

Zubereitung:

Der Sauerteig muß 12 Stunden angesetzt werden (siehe Herstellung von Sauerteigbrot Seite 17 + 18)

Die Hefe mit etwas Flüssigkeit und Weizenschrot anrühren, stehen lassen und erst dem Teig zugeben, wenn er schon etwas angeknetet ist.

1. Teigruhe: 30 Minuten
2. Teigruhe: 30 Minuten im Körbchen

Menge reicht für 2 Brote

Vor dem Einschieben mit Wasser bestreichen.

Backen:

5 Minuten bei 300 °C mit Dampf
40–45 Minuten bei 220 °C ohne Dampf

Katenbrot

mit Sauerteig (100% Roggen)

Zutaten:

400 g Roggen, grob geschrotet
400 g Roggen, fein gemahlen
(evtl. 200 g Roggen zum Einweichen)
600 g Sauerteig
400 g Wasser, Buttermilch oder Molke
20 g Meersalz
25 g Hefe
1–2 Eßl. Quark
Kümmel, Koriander

Zubereitung:

Der Sauerteig muß 12 Stunden angesetzt werden (siehe Herstellung von Sauerteigbrot Seite 17 + 18)

Den grob geschroteten Roggen mit der sehr warmen Flüssigkeit (60 °C) verkneten und zugedeckt 3 Stunden stehen lassen. Buttermilch sollte dabei gerührt werden, damit sie nicht gerinnt. Danach gibt man den am Abend vorher angesetzten Sauerteig dazu, die mit wenig Flüssigkeit angerührte Hefe, Quark, Gewürze, Salz und den fein gemahlenen Roggen. Diese Masse wird mindestens 15 Minuten in der Schüssel sorgfältig geknetet.

Wenn man dem Brotteig ganze, eingeweichte Körner zugeben möchte, werden sie jetzt dazugegeben und gründlich eingeknetet. Man muß diese Körner 2 Tage vorher einweichen, damit sie aufquellen und weich werden. Man gibt sie abends in eine Schüssel, füllt mit kaltem Wasser auf und gießt sie am anderen Morgen auf ein Sieb. Tagsüber bleiben sie trocken stehen, abends werden sie wieder eingeweicht. Am Morgen des zweiten Tages sind sie gut aufgequollen. Sie können evtl. eine weitere Nacht in Wasser gegeben werden, dann beginnen sie zu keimen und sind noch etwas weicher.

1. Teigruhe: 60 Minuten
2. Teigruhe: 30 Minuten im Körbchen oder Kasten

Backen:

10 Minuten bei 300 °C mit Dampf
40 Minuten bei 220 °C ohne Dampf

Ein sehr dunkles, aromatisches Brot erzielt man, wenn man nach 10 Minuten das Wassergefäß herausnimmt, den Backofen etwa 2 Minuten ganz aufmacht, dann auf 200 °C zurückschaltet und bei wieder geschlossener Backofentür weitere 20 Minuten backt. Nach erneutem Zurückschalten auf 150 °C wird ausgebacken, was insgesamt bis zu 2 Stunden dauern kann. Man muß darauf achten, daß das Brot nicht zu früh dunkel wird und durch Abklopfen prüfen, ob es gar ist.

Fladenbrot

mit Sauerteig-Extrakt

Zutaten:

600 g Weizen, fein gemahlen
400 g Roggen, fein gemahlen
650 g Wasser (oder halb Wasser, halb Buttermilch)
20 g Meersalz
20 g Hefe
2–3 Eßl. Quark
25 g Sauerteig-Extrakt
Kümmel und Koriander, zerstoßen für den Teig,
ganze Körner zum Bestreuen

Zubereitung:

Hefe mit einem kleinen Teil der Flüssigkeit und etwas Weizenschrot anrühren und 10 Minuten stehen lassen.

Sauerteig-Extrakt trocken in den frisch gemahlenen Roggenschrot mischen. Aus allen angegebenen Zutaten einen glatten Teig arbeiten.
(Siehe Herstellung von Hefeteig Seite 14)

1. Teigruhe: 20 Minuten

Teig wieder durchkneten. Die Konsistenz muß etwas weicher sein als beim Brot. 2 oder 4 Fladen formen und auf das bemehlte Backblech legen. Oberfläche mit Wasser bestreichen, rautenförmig einschneiden und mit Kümmel und Koriander bestreuen (oder mit etwas grobem Salz).

2. Teigruhe: 20 Minuten

Backen:

Im vorgeheizten Ofen
20–30 Minuten bei 200 °C

Roggenmischbrot

mit Sauerteig-Extrakt (80% Roggen)

Zutaten:

800 g Roggen, frisch gemahlen
200 g Weizen, frisch gemahlen
ca. 600 g Wasser
20 g Meersalz
20 g Hefe
1 Eßl. Quark
1 Eßl. Kümmel **(zum Mitmahlen)**
1 Eßl. Koriander
45 g Sauerteig-Extrakt (Fa. Böcker)

Zubereitung:

siehe Herstellung von Hefeteig Seite 14

Sauerteig-Extrakt trocken in den Schrot mischen.
Hefe mit einem kleinen Teil der Flüssigkeit und etwas **Weizenschrot** anrühren und 10 Minuten stehen lassen.

Aus allen angegebenen Zutaten einen glatten Teig arbeiten.

1. Teigruhe: 15–20 Minuten
2. Teigruhe: 30 Minuten im Körbchen oder in der Form

Vor dem Einschieben mit Wasser bestreichen und mehrmals mit der Gabel einstechen.

Backen:

5 Minuten bei 300 °C mit Dampf
40–45 Minuten bei 220 °C ohne Dampf

Nach dem Herausnehmen noch heiß mit Stärkelösung bestreichen:
1 Eßl. Stärkemehl mit 8 Eßl. Wasser kurz aufkochen, mit dem Pinsel auftragen.

Dadurch entsteht eine glänzende Oberfläche.

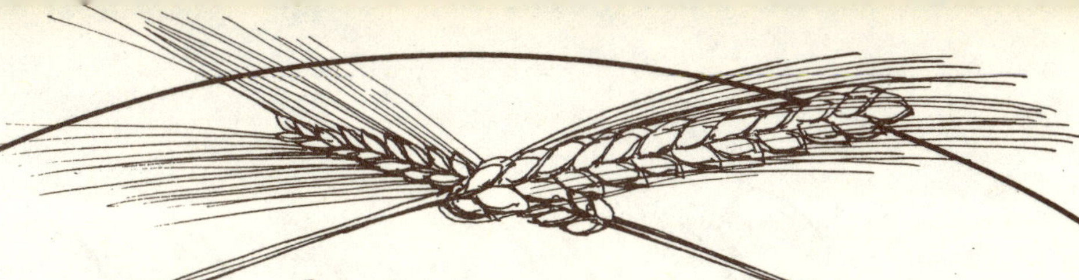

Vierkornbrot

mit Sauerteig-Extrakt

Zutaten:

400 g Weizen, fein gemahlen
200 g Gerste, fein gemahlen
300 g Roggen, mittelfein gemahlen
100 g Hafer, grob gemahlen
25 g Sauerteig-Extrakt (Fa. Böcker)
2 Eßl. Quark
30 g Hefe
600 g Wasser
1–2 Eßl. Fenchel
20 g Salz

Zubereitung:

siehe Herstellung von Hefeteig Seite 14

Den grob geschroteten Hafer und den mittelfein gemahlenen Roggen mit dem warmen Wasser übergießen und 3 Stunden stehen lassen. Die Hefe mit 50 g Wasser und einem kleinen Teil Weizenschrot zu einem Brei anrühren und 10 Minuten stehen lassen.

Sauerteig-Extrakt trocken unter den gemahlenen Weizen- und Gerstenschrot mischen und mit allen übrigen Zutaten, einschließlich des gequollenen Hafer- und Roggenbreis und der angerührten Hefe zu einem glatten Teig kneten.

1. Teigruhe: 20 Minuten
2. Teigruhe: 20 Minuten im Körbchen oder auf dem bemehlten Blech.

Ergibt 1 oder 2 Brote.

Vor dem Einschieben mit Wasser bestreichen und mit grob geschrotetem Gemisch aus Weizen, Roggen, Gerste und Hafer dicht bestreuen. Mit der Gabel ringsum einstechen.

Backen:

5 Minuten bei 300 °C mit Dampf
ca. 40 Minuten je nach Brotgröße bei 220 °C ohne Dampf

Heilkräuterbrot

mit Sauerteig und Hefe

Zutaten:

300 g Roggen, fein gemahlen
100 g Grundsauerteig

700 g Weizen, fein gemahlen
40 g Hefe
50 g Honig
20 g Meersalz
20 g Koriander, zerstoßen
20 g Kümmel, zerstoßen
10 g Anis, zerstoßen
50 g Mohn
50 g Sesam
ca. 650 g Wasser
30 g Brennessel, getrocknet
50 g Ringelblume, getrocknet
im Sommer mit frischen Kräutern (ca. 100 g Wasser weniger)

Zubereitung:

Am Abend vorher ansetzen: Den frisch gemahlenen Roggen mit 250 g warmem Wasser und dem Grundsauerteig (siehe Seite 17). Gut vermischen und über Nacht zugedeckt warmhalten.

Ringelblumen und Brennessel in dem restlichen Wasser über Nacht einweichen.

Am anderen Morgen die Hefe mit einem kleinen Teil der Kräuterflüssigkeit und etwas Weizenschrot zu einem Brei anrühren und 10 Minuten zugedeckt stehen lassen.

Dann diese beiden Vorteige mit den eingeweichten Kräutern und den restlichen Zutaten zu dem frisch gemahlenen Weizen geben und zu einem geschmeidigen Teig kneten. (Siehe Herstellung von Hefeteig Seite 14)

1. Teigruhe: 60 Minuten
2. Teigruhe: 30 Minuten im Körbchen oder auf dem bemehlten Backblech

Ergibt ein großes oder zwei kleine Brote.

Vor dem Einschieben mit Wasser bestreichen und mit der Gabel ringsum einstechen.

Backen:

10 Minuten bei 250 °C mit Dampf
40 Minuten bei 175 - 200 °C ohne Dampf
5 Minuten im abgestellten Backofen

Bananenbrot

mit Sauerteig und Hefe

Zutaten:

300 g Roggen, fein gemahlen
100 g Grundsauerteig

700 g Weizen, fein gemahlen
40 g Hefe
1–2 Eßl. Malzextrakt
20 g Meersalz
400 g reife Bananen (ohne Schale gewogen)
300 g getrocknete weiche Aprikosen
150 g Walnüsse, grob gehackt
3 Eßl. Öl
ca. 450 g Wasser
2 Messerspitzen Muskat
etwas schwarzer Pfeffer

Zubereitung:

Am Abend vorher ansetzen: Den frisch gemahlenen Roggen mit 250 g warmem Wasser und dem Grundsauerteig (siehe Seite 17). Gut vermischen und über Nacht zugedeckt warmhalten.
Am anderen Morgen die Hefe mit einem Teil der Flüssigkeit und etwas Weizenschrot zu einem Brei anrühren, der 10 Minuten zugedeckt stehen bleibt. (Siehe Herstellung von Hefeteig Seite 14)
Diese beiden Vorteige mit den restlichen Zutaten zu dem frisch gemahlenen Weizen geben und zu einem geschmeidigen Teig kneten. Die Aprikosen werden in kleine Stücke geschnitten und die Bananen fein püriert.

1. Teigruhe: 60 Minuten
2. Teigruhe: 30 Minuten im Körbchen oder zu 2 Broten geformt auf dem bemehlten Blech.

Vor dem Einschieben mit Wasser oder Eigelb bestreichen.

Backen:

10 Minuten mit Dampf bei 250 °C
30 Minuten ohne Dampf bei 175–200 °C

Variante:

Anstelle von Aprikosen und Walnüssen knetet man 100 g Kokosraspeln, die in der trockenen Pfanne goldgelb geröstet wurden, in den Teig.

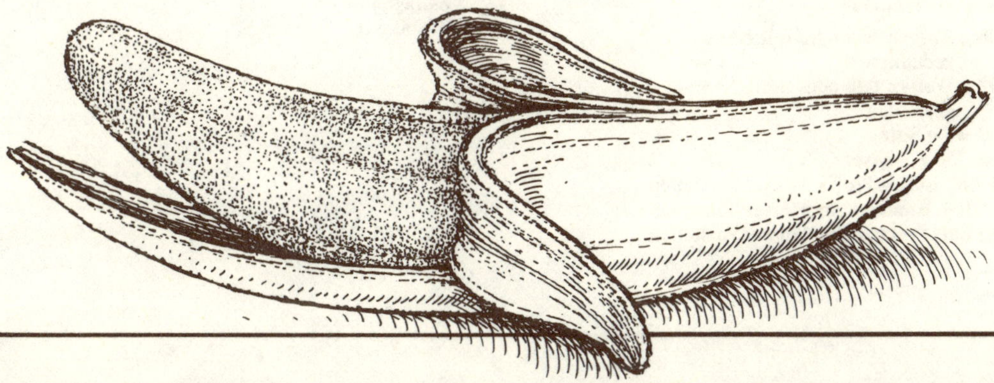

Backfermentbrote

Weizen-Roggen-Gewürz-Brot

Zutaten Teigansatz:

100 g Weizen halb grob, halb fein geschrotet
300 g Roggen halb grob, halb fein geschrotet
400 g Wasser
10 g Grundansatz
3 g Backferment

Zutaten Hauptteig:

400 g Roggen fein oder mittelfein gemahlen
200 g Weizen fein oder mittelfein gemahlen
10–15 g Salz
ca. 250 g Wasser
1 Eßl. Koriander im Mörser zerstoßen
½ Eßl. Kümmel im Mörser zerstoßen
½ Eßl. Fenchel im Mörser zerstoßen

Zubereitung:

siehe Herstellung von Backferment-Brot Seite 19

Gewürzvariation mit frischen gehackten Kräutern

3 Eßl. Petersilie
2–3 Eßl. gemischt Majoran, Salbei, Estragon, Basilikum

Roggen-Leinsamenbrot

Zutaten Teigansatz:

300 g Roggen fein gemahlen
100 g Weizen fein gemahlen
100 g Leinsamen, ganz
10 g Grundansatz
5 g Backferment
450 g Wasser

Zutaten Hauptteig:

500 g Weizen fein gemahlen
100 g Roggen fein gemahlen
10–15 g Salz
ca. 250 g Waser
1 Eßl. Koriander (zerstoßen)

Zubereitung:

siehe Herstellung von Backferment-Brot Seite 19

Vierkornbrot mit Backferment

Zutaten Teigansatz:

100 g Weizen fein oder mittelfein gemahlen
300 g Roggen fein oder mittelfein gemahlen
10 g Grundansatz
3 g Backferment
400 g Wasser

Zutaten Hauptteig:

300 g Weizen fein gemahlen
200 g Gerste fein gemahlen
100 g Hafer fein gemahlen
15 g Salz
ca. 250 g Waser

Zubereitung:

siehe Herstellung von Backferment-Brot Seite 19

Eigene Rezepte

KLEINGEBÄCK

Weizenvollkornbrötchen

Zutaten:

500 g Weizen, frisch gemahlen, fein
30 g Hefe
350 g Wasser, 15-20 °C warm
10 g Meersalz
1 Eßl. Öl
Zum Bestreuen:
Mohn, Sesam, Kümmel

Zubereitung:

siehe Herstellung von Hefeteig Seite 14

Aus den angegebenen Zutaten einen geschmeidigen Teig arbeiten.

1. Teigruhe: 15 Minuten
2. Teigruhe: 5-7 Minuten auf dem Backblech

Zu Kugeln rollen, mit Wasser bestreichen, evtl. mit Mohn, Sesam oder Kümmel bestreuen, einschneiden.

12-16 Stück

Backen:

20 Minuten bei 225 °C mit Dampf

Party-Brötchen

Zutaten:

400 g Roggen, frisch gemahlen
350 g Weizen, frisch gemahlen
ca. 400 g Wasser (warm)
30 g Hefe
2 Eßl. Molke oder Buttermilch
15 g Meersalz
30 g vegetarisches Schmalz
evtl. 1 Eßl. Kümmel

Zubereitung:

siehe Herstellung von Hefeteig Seite 14

1. Teigruhe: 15 Minuten
Danach kräftig durchkneten und in 14-16 Stücke teilen, zu Kugeln rollen, mit Wasser bestreichen und mit verschiedenen Samen bestreuen, z. B. Mohn, Sesam, Kümmel. Einzelne Brötchen unbestreut lassen, dann mit Schere einschneiden. Auf rundes Backblech so legen, daß ein kleiner Abstand dazwischen bleibt. Sie wachsen beim Backen zu einer Scheibe zusammen.
2. Teigruhe: 10-15 Minuten

Backen:

20 Minuten mit Dampf bei 225 °C

Feines Hefe-Kleingebäck

Zutaten:

500 g Weizen, frisch gemahlen, fein
350 g Milch
10 g Salz
40 g Hefe
50 g Butter
1 Eßl. Öl
2 Eßl. Honig*

Zum Bestreuen:

Mohn, Nüsse, Sesam, Kümmel, Mandeln, Anis, Käse

*** kann weggelassen werden**

Zubereitung:

siehe Herstellung von Hefeteig Seite 14

Aus den angegebenen Zutaten einen geschmeidigen Teig arbeiten.

1. Teigruhe: 15 Minuten
2. Teigruhe: 7–10 Minuten auf dem Blech

12–16 Stück

Den Teig nach der 1. Teigruhe in verschiedene Formen bringen, z.B. Hörnchen, Schnecken, Zöpfchen, Kränzchen, mit Eigelb bestreichen und evtl. bestreuen.

Backen:

20 Minuten bei 220 °C mit Dampf

Schulkuchen

Zutaten:

650 g Weizen, frisch gemahlen
350 g Milch
50 g Butter
50 g Honig
50 g Hefe
100 g Rosinen
100 g Nüsse, grob in Stücke geschnitten
1 Prise Salz
1 Ei

Zubereitung:

siehe Herstellung von Hefeteig Seite 14

Aus den angegebenen Zutaten einen geschmeidigen Teig arbeiten.

1. Teigruhe: 15 Minuten
2. Teigruhe: 10 Minuten auf dem Backblech

12–16 Stück

Zu Kugeln formen und mit Wasser bestreichen.

Backen:

20 Minuten bei 220 °C mit Dampf
im vorgeheizten Ofen

Leinsamenbrötchen

Zutaten:

450 g Weizen, frisch gemahlen
380 g Wasser
35 g Hefe
10 g Meersalz
130 g Leinsamen, frisch gemahlen

Zubereitung:

siehe Herstellung von Hefeteig Seite 14

Aus den angegebenen Zutaten ohne Leinsamen einen Teig kneten, dem nach 5 Minuten Kneten der frisch gemahlene Leinsamen zugegeben wird. Mindestens 10 Minuten gut durchkneten.

Man kann auch den Weizen mit dem Leinsamen zusammen durch die Getreidemühle geben (Gebrauchsanweisung beachten!). Nicht bei Steinmühlen!

1. Teigruhe: 10–15 Minuten
2. Teigruhe: 5 Minuten auf dem Backblech

In 12–16 Stücke teilen, Kugeln rollen, dann länglich wirken, mit Wasser bestreichen, der Länge nach einschneiden.

Backen:

20 Minuten bei 220 °C mit Dampf

Flädli

Zutaten:

500 g Weizen, frisch gemahlen
davon 250 g fein, 250 g grob
200 g Wasser
1 gestr. Teel. Meersalz
3 Eßl. Öl
2 Eßl. Sesam
1 Teel. Kümmel
2 Teel. Koriander (zerstoßen)
1 Teel. Fenchel

Zubereitung:

Alle Zutaten zu einem festen Teig arbeiten.
Etwa 10 Minuten ruhen lassen, dann jeweils 30–40 g Teig handtellergroß ausrollen und auf ein gefettetes Backblech legen.

Backen:

ca. 10 Minuten bei 250 °C, Ofen vorheizen

Kann in Blechdose aufbewahrt werden.

KUCHEN

Quarkstollen

Zutaten:

750 g Weizen, frisch gemahlen, fein
400 g Quark
50 g Hefe
100 g weiche Butter
2 Eier
120 g Honig
250 g Rosinen
250 g Nüsse, grob gehackt
1 Prise Salz
½ abgeriebene Zitronenschale
1 Eßl. Rum oder Arrak
100 g Milch

Zubereitung:

siehe Herstellung von Hefeteig Seite 14

Aus den angegebenen Zutaten einen geschmeidigen Teig herstellen. Nüsse und Rosinen gleich mitkneten.

1. Teigruhe: 40 Minuten
2. Teigruhe: 10 Minuten auf dem Backblech

Nach der 1. Teigruhe kräftig durchkneten, längliche Platte ausrollen (etwa 45 x 20 cm), eine Längsseite bis zur Mitte einschlagen und festdrücken, so daß eine Stollenform entsteht. Mit Milch einpinseln und auf bemehltes Backblech legen. Zugedeckt ein zweites Mal gehen lassen.

Evtl. zwei kleinere Stollen formen.

Backen:

10 Minuten bei 250 °C, Ofen vorheizen
30–35 Minuten bei 180 °C
Warm mit zerlassener Butter bestreichen.

Dresdner Stollen

Zutaten:

700 g Weizen-Vollkornmehl (frisch gemahlen)
60 g Hefe
150 g Honig
ca. 100 g Milch
300 g Butter
2 Eier, 1 Eigelb
100 g abgezogene grob gehackte Mandeln
100 g Rosinen
80 g Korinthen
50 g Orangeat, feingeschnitten
50 g Zitronat, feingeschnitten
geriebene Schale einer Zitrone
je 2 Messerspitzen Muskatblüte, Nelken, Kardamom
eine Prise Salz
etwas Butter zum Bestreichen

Zubereitung:

Die halbe Mehlmenge in eine Schüssel geben, in die Mitte eine Mulde drücken. Hefe hineinbröckeln und mit etwas Honig, Mehl und Milch zum Vorteig verrühren.
15 Minuten an warmem Platz ruhen lassen (Hefe muß sich verdoppeln). Butterflöckchen auf dem Mehlrand verteilen.

Eier, Eigelb, Honig, Zitronenschalen, Gewürze und gehackte Mandeln dazugeben. Den Teig schlagen bis er Blasen wirft. Dann das restliche Mehl unterkneten.

1. Teigruhe: 15 Minuten
Danach Rosinen, Korinthen, Orangeat und Zitronat unterkneten.
2. Teigruhe: 20 Minuten

Backen:

50–60 Minuten bei 175 °C, Ofen vorheizen
Warm mit zerlassener Butter bestreichen.

Hefezopf

Zutaten:

800 g Weizen, frisch gemahlen, fein
40 g Hefe
ca. 100 g Milch, 37 °C
80 g Honig
2–3 Eier
1 Becher saure Sahne
80 g Butter
10 g Meersalz
abgeriebene Zitronenschale
Zimt
Prise Muskat

Zum Bestreichen:

2 Eigelb

Zum Bestreuen:

Mandeln, Mohn etc.

Zubereitung:

siehe Herstellung von Hefeteig Seite 14

Aus den angegebenen Zutaten einen geschmeidigen Teig bereiten. Nach der 1. Teigruhe teilen in ⅓–⅔. Den größeren Teil wieder in 3 Teile schneiden, Zopf flechten, diagonal auf eckiges Backblech legen. In der Mitte dünn mit Eigelb bestreichen. Den restlichen Teig ebenfalls zu einem Zopf flechten und obenauf legen. Das Ganze mit Eigelb bestreichen und nach Geschmack bestreuen (Mandeln, Mohn, etc.).

1. Teigruhe: 30 Minuten
2. Teigruhe: 15–20 Minuten auf dem Blech

Backen:

25–30 Minuten bei 200 °C ohne Dampf

Variante: Füllung mit Marzipan

Marzipan:

200 g Marzipan-Rohmasse
100 g geschälte, gemahlene Mandeln
2 Eßl. Kirschwasser
50 g Honig

zu einer gleichmäßigen Masse kneten

oder Marzipan, siehe Seite 82

Zubereitung:

Anstelle des unteren Zopfes rollt man 3 Rechtecke aus, bestreicht diese mit der Marzipanmasse und rollt jedes der Rechtecke von der Längsseite aus auf.
Diese Rollen werden nun zum Zopf geflochten.

Danach siehe oben.

Rosenkuchen

Zutaten:

500 g Weizen, frisch gemahlen
40 g Hefe
2 Eßl. Honig
80 g Butter
2 Eier
200 g Milch
1 Teel. Salz

Füllung:

50 g Butter
125 Rosinen
125 g Korinthen
40 g Zitronat
30 g geriebene Mandeln
1 Messerspitze Zimt
2 Eßl. weicher Honig

Zubereitung:

siehe Herstellung von Hefeteig Seite 14

Aus den angegebenen Zutaten einen geschmeidigen Teig kneten.

1. Teigruhe: 15 Minuten
2. Teigruhe: 10 Minuten auf dem Blech

Nach der 1. Teigruhe kräftig durchkneten, zu einem länglichen, etwa ½ cm dicken Rechteck ausrollen, mit der erweichten Butter bestreichen und die Füllung darauf verteilen. Von der Längsseite her aufrollen und etwa 7 cm breite Stücke abschneiden. In eine gefettete Tortenform setzen, und zwar so, daß ein Stück in die Mitte kommt und die anderen ringsherum mit etwas Abstand, der beim Backen verschwindet. Die Stücke müssen gleich hoch sein und stehen mit der Schnittfläche nach oben.

Backen:

30–35 Minuten bei 200 °C

Nußbrot

Zutaten:

250 g Weizen-Vollkornmehl
125 g gemahlene Haselnüsse
125 g Honig
1½ Joghurt
2 Eier
100 g Walnüsse
1 Paket Weinstein-Backpulver

Zubereitung:

Eier mit dem Honig schaumig schlagen.
Joghurt und Haselnüsse zugeben und dann langsam das frisch gemahlene, mit Backpulver vermischte Mehl unterrühren.
Zum Schluß die sehr grob gehackten Walnüsse unterheben.
Teig in eine gefettete Kastenform füllen.

Backen:

40 Minuten bei 175 °C, Ofen vorheizen

Früchtebrot

Zutaten:

350 g Roggen, frisch gemahlen
650 g Weizen, frisch gemahlen, fein
ca. 600 g Wasser (50 °C)
10 g Meersalz
200 g Trockenpflaumen
300 g Trockenbirnen
200 g Feigen
100 g Rosinen
100 g Korinthen
100 g Walnüsse, grob gehackt
100 g Haselnüsse, grob gehackt
50 g Zitronat
50 g Orangeat
1 Teel. Zimt
1 Messerspitze Nelken, gemahlen
25 g Sauerteig-Extrakt (Fa. Böcker)
20 g Hefe

Zubereitung:

siehe Herstellung von Hefeteig Seite 14

Sauerteig-Extrakt unter den gemahlenen Roggen und Weizen mischen.

Trockenfrüchte wie Pflaumen oder Birnen werden mit einem Teil des Wassers 1–2 Stunden eingeweicht. Einweichwasser nicht weggießen, sondern für den Teig mitverwenden.

Die Hefe wird mit einem Teil Flüssigkeit und etwas **Weizenschrot** zu einem Brei angerührt und 10 Minuten stehen gelassen.

Dann bereitet man aus Weizen- und Roggenschrot, Wasser, Salz und den Gewürzen einen Knetteig, dem nan nach 5 Minuten Kneten die übrigen Zutaten beimischt. Nüsse werden zuvor grob gehackt, Trockenfrüchte evtl. kleingeschnitten. Weitere 10 Minuten gut durchkneten, bis die Masse gut zusammenhält.

1. Teigruhe: 30 Minuten
2. Teigruhe: 30 Minuten im Kasten

Backen:

ca. 1 Stunde bei 180–200 °C

Früchtebrot ist lange haltbar.

Honigkuchen *hell, Kastenform*

Zutaten:

125 g Butter oder Reform-Margarine
250 g Honig
ca. 1 Tasse Milch
500 g Weizen-Vollkornmehl
1 Weinstein-Backpulver
2 Eßl. Rum
1 Eßl. Kakao
2 Messerspitzen Nelken
2 Messerspitzen Zimt
2 Messerspitzen Kardamom (oder Lebkuchengewürz)
1 abgeriebene Zitronenschale
etwas Vanille
1 Prise Salz
100 g Pinienkerne oder abgezogene, gehackte Mandeln

Zubereitung:

Butter und Honig schaumig schlagen, die Gewürze dazugeben und abwechselnd Milch und das frisch gemahlene, mit Backpulver gemischte Weizen-Vollkornmehl unterrühren.
In eine gefettete Kastenform geben.

Backen:

Im vorgeheitzten Ofen
etwa 60 Minuten bei 160 °C

Honigkuchen *dunkel, Kastenform*

Zutaten:

150 g Butter oder Reform-Margarine
150 g Sirup
100 g Honig
3 Eier
300 g Weizen-Vollkornmehl
2 Teel. Weinstein-Backpulver
¼ Teel. Ingwer
¼ Teel. Nelken
½ Teel. Zimt
½ Teel. Kardamom
½ Teel. Pommeranzenschale (oder 2 Teel. Lebkuchengewürz)
2 Eßl. Rum

Zubereitung:

Butter, Sirup, Honig und Eier schaumig schlagen, Gewürze zugeben.
Eßlöffelweise das frisch gemahlene Weizen-Vollkornmehl unterrühren.
In eine gefettete Kastenform füllen.

Backen:

Im vorgeheizten Ofen
etwa 60 Minuten bei 160 °C

Frühstückskuchen

Zutaten:

3 Eier
200 g Honig
5 Eßl. Öl
2 Eßl. Rum
1 Teel. koffeinfreier Pulverkaffee, gelöst in 2 Eßl. warmem Wasser
2 Teel. Honigkuchengewürz
350 g Weizen-Vollkornmehl
2 gehäufte Teel. Weinstein-Backpulver
50 g Korinthen
50 g Orangeat, feingeschnitten
50 g gehackte Mandeln

Zubereitung:

Eier mit dem Honig schaumig rühren, Öl und Gewürze dazugeben und das frisch gemahlene, mit Backpulver gemischte Vollkornmehl.
Zum Schluß Korinthen, Orangeat und Mandeln unterrühren.
In eine gefettete Kastenform füllen.

Backen:

50 Minuten bei 160 °C
Ofen vorheizen

Schokoladenkuchen

Zutaten:

175 g Butter
200 g Honig
4 Eier
125 g gemahlene Mandeln
50 g feingeriebene dunkle Schokolade
2 Eßl. Kakao
2 Eßl. Rum
1 Teel. koffeinfreier Pulverkaffee (gelöst in 1 Eßl warmem Wasser)
175 g Weizen-Vollkornmehl
1 Teel. Weinstein-Backpulver

Zubereitung:

Butter und Honig schaumig rühren, nach und nach Mandeln, Eier und Gewürze zugeben (Kakao im Rum lösen).
Das frisch gemahlene Weizen-Vollkornmehl mit dem Backpulver mischen und eßlöffelweise unter den Teig rühren.
In eine gefettete und mit Bröseln ausgestreute Kasten- oder Rehrückenform füllen.

Backen:

Im vorgeheizten Ofen
40–50 Minuten bei 150 °C

Königskuchen

Zutaten:

200 g Butter
200 g Honig
4–5 Eier
100 g gemahlene Mandeln
400 g Weizen-Vollkornmehl
1 Weinstein-Backpulver
2 Eßl. Rum
1 Prise Salz
2 Messerspitzen Vanille
100 g Rosinen
50 g Korinthen
40 g Zintronat, feingehackt
40 g Orangeat, feingehackt
75 g gehackte, abgezogene Mandeln

Zubereitung:

Butter, Honig, Eier und die fein gemahlenen Mandeln mit Salz, Vanille und Rum schaumig rühren. Eßlöffelweise das frisch gemahlene und mit Backpulver gemischte Weizen-Vollkornmehl dazugeben. Zum Schluß Rosinen, Korinthen, Zitronat, Orangeat und die Mandeln unterrühren.

Teig in eine gefettete Kastenform oder Kranzform füllen.

Backen:

Im vorgeheizten Ofen
50–60 Minuten bei 160 °C

Nußkuchen

Zutaten:

150 g Butter
200 g Honig
5 Eier
200 g gemahlene Nüsse
200 g Weizen-Vollkornmehl
2 gestr. Teel. Backpulver
geriebene Schaler einer Zitrone
1 Prise Salz
etwas Vanille

Zubereitung:

Butter, Eier und Honig schaumig rühren und die feingemahlenen Nüsse und die Gewürze dazugeben. Eßlöffelweise das frisch gemahlene Weizen-Vollkornmehl unter den Teig rühren und in eine gefettete Kastenform füllen.

Backen:

Ofen auf 160 °C vorheizen
ca. 60 Minuten bei 160 °C

Gewürzschnitte *auf dem Blech*

Zutaten:

200 g Butter oder Reform-Margarine
150 g Honig
100 g Rübenkraut
4 Eier
500 g Weizen-Vollkornmehl
1 Weinstein-Backpulver
2 Eßl. Kakao
1 Eßl. Lebkuchengewürz
2 Eßl. Rum
100 g Datteln
75 g Orangeat
75 g Zitronat
100 g Mandeln, grob gehackt
100 g Nüsse, grob gehackt

Zubereitung:

Datteln mit einem Ei im Mixer zerkleinern.
Die anderen Eier, Butter und Honig dazugeben und schaumig rühren. Kakao und Backpulver mit dem frischgemahlenen Weizenvollkornmehl mischen und nach und nach unterrühren. 50 g Nüsse und die restlichen Zutaten zugeben. Den Teig auf das gefettete Backblech streichen, mit den übriggebliebenen Nüssen bestreuen und andrücken.

Backen:

Im vorgeheizten Ofen
ca. 25 Minuten bei 175 °C

Haselnußschnitte *auf dem Blech*

Zutaten:

200 g Butter
200 g Honig
4 Eier
300 g pürierte Bananen
500 g Weizen-Vollkornmehl
½ Weinstein-Backpulver
1 Prise Salz
1 Zitrone (Saft und Schale)
1 Messerspitze Kardamom
1 Messerspitze Vanille
200 g gehackte Nüsse

Zubereitung:

Butter, Eier, Honig und die Bananen mit den Gewürzen schaumig rühren. Das frisch gemahlene, mit dem Backpulver gemischte Vollkornmehl nach und nach dazugeben. Zum Schluß 125 g gehackte Nüsse unterrühren. Den Teig auf ein gefettetes Backblech streichen, mit den restlichen Nüssen bestreuen und leicht andrücken.

Backen:

Im vorgeheizten Ofen
ca. 25 Minuten bei 175 °C

Obstkuchen auf dem Blech

Zutaten:

150 g Butter
150 g Honig
3 Eier
400 g Weizen-Vollkornmehl
½ Weinstein-Backpulver
Schale einer Zitrone
etwas Vanille und Salz
1½ kg Obst

Streusel:

125 g Butter
100 g Honig
125 g gemahlene Mandeln
150–175 g Weizen-Vollkornmehl
etwas Vanille, Salz und Zimt

Zubereitung:

Butter, Eier, Honig mit den Gewürzen schaumig schlagen und nach und nach das frisch gemahlene, mit dem Backpulver vermischte Vollkornmehl zugeben.

Teig auf ein gefettetes Backblech streichen und mit Obst belegen, ca. 1½ kg (Äpfel, Pflaumen, Kirschen).

Zubereitung Streusel:

Die weiche Butter mit dem Honig leicht verrühren, das frisch gemahlene Vollkornmehl und die Mandeln darüberstreuen. Mit zwei Gabeln untermengen, so daß Streusel entstehen.
Gleichmäßig auf das Obst verteilen.

Backen:

Im vorgeheizten Ofen
30–40 Minuten bei 175 °C

Obstkuchen in der Springform – mit Quark

Zutaten:

100 g Quark
100 g Butter
100 g Honig
2 Eier
200 g Weizen-Vollkornmehl
1 Teel. Backpulver
1 Prise Salz
etwas Vanille
Schale einer Zitrone
evtl. 75 g Walnußkerne

Belag:

750 g Obst
(Äpfel, Kirschen, Aprikosen, Pflaumen)

Zubereitung:

Quark, Butter (weich) und Honig mit den Gewürzen cremig rühren, die Eier zufügen und das frisch gemahlene, mit Backpulver vermischte Vollkornmehl zugeben.
⅔ des Teiges in eine gefettete Springform (27 cm Ø) füllen, mit dem Obst belegen, evtl. mit 2 Eßl. Ahornsirup oder Birnendicksaft bestreichen, den Rest des Teiges darüber verteilen und mit Walnußkernen verzieren.

Backen:

Im vorgeheizten Ofen
40 Minuten bei 175 °C

Zwetschenkuchen

Zutaten:

500 g Weizen, frisch gemahlen, fein
40 g Hefe
110 g Milch, 37°C
75 g Butter
75 g Honig
2 Eier
1 Prise Meersalz

Belag:

ca. 1500 g ausgekernte Zwetschen
4 Eßl. Birnendicksaft oder Honig
2 Eßl. Zwetschenwasser

Zubereitung:

siehe Herstellung von Hefeteig Seite 14

Aus den angegebenen Zutaten einen geschmeidigen Teig bereiten.

Teigruhe: 30 Minuten.

Teig auf dem Backblech ausrollen und dicht mit Zwetschen belegen.

Backen:

Im vorgeheizten Ofen
ca. 30 Minuten bei 190 °C

Heiß bestreichen mit Birnendicksaft oder Honig, verrührt mit 1 Eßl. heißem Wasser und dem Zwetschenwasser.

Zitronenkuchen

Zutaten:

200 g Butter
200 g Honig
4 Eier
200 g Weizen-Vollkornmehl
150 g geriebene Mandeln
2 gestr. Teel. Weinstein-Backpulver
1 Prise Salz
1 abgeriebene Zitronenschale

Saft von 2–3 Zitronen
75 g Honig

Zubereitung:

Butter, Honig, Salz und Zitronenschale schaumig schlagen, bis eine dicke Creme entsteht. Abwechselnd Eier und Mandeln zugeben und zum Schluß das frisch gemahlene, mit dem Backpulver vermischte Vollkornmehl unterrühren.

Teig in eine gefettete Springform von 27 cm Ø füllen.

Backen:

Ofen vorheizen
30 Minuten bei 150 °C

Nach dem Backen den heißen Kuchen mit 75 g Honig, den man mit dem Saft von 2 Zitronen verrührt hat, beträufeln.

Zitronenkuchen auf dem Blech

Zutaten:

200 g Butter
200 g Honig
4 Eier
250 g Weizen-Vollkornmehl
150 g geriebene Mandeln
½ Weinstein-Backpulver
1 Prise Salz
1 Zitronenschale

Saft von 3 Zitronen
100 g Honig

Zubereitung:

siehe oben

Bisquitrolle

Zutaten:

5 Eier
125 g Honig
3 Eßl. warmes Wasser
175 g Weizen-Vollkornmehl
1 gestr. Teel. Backpulver

Füllung

¼ Liter Sahne
170 g Haselnüsse
1 Eßl. Rum
Honig nach Geschmack
Vanille

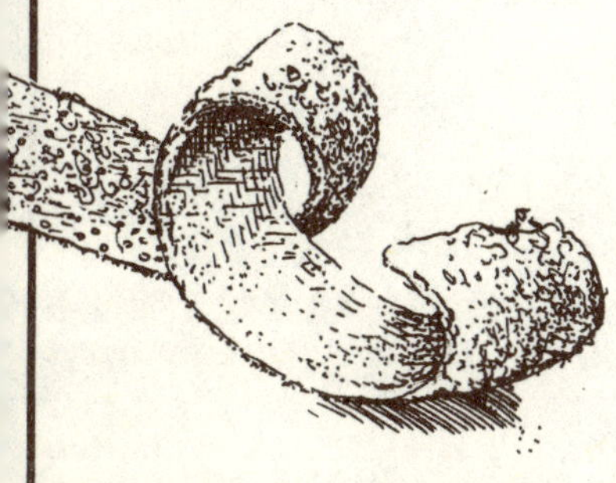

Zubereitung Teig:

Eigelb und Honig schaumig schlagen, Wasser langsam zugeben und weiter rühren, bis die Masse dick wird.
Das sehr steif geschlagene Eiweiß darübergleiten lassen und obendrauf das frisch gemahlene, mit Backpulver gemischte Mehl geben.
Mit dem Schneebesen vorsichtig Mehl und Eischnee unter die Eigelbmasse ziehen.

Blech mit Pergamentpapier auslegen, einfetten, und den Teig gleichmäßig auftragen.

Backen:

Im vorgeheizten Ofen
12–15 Minuten bei 200 °C (nicht braun werden lassen)

Kuchen aus dem Ofen nehmen, auf ein Tuch stürzen, Papier abziehen, zusammen mit dem Tuch aufrollen und auskühlen lassen.

Zubereitung Füllung:

Haselnüsse auf dem Backblech bei 200 °C rösten, dann Schalen leicht abreiben und Nüsse mahlen.
Sahne schlagen, mit Honig süßen, Nüsse unterziehen und mit Rum abschmecken.

Erst dann Rolle öffnen, Füllung einstreichen, wieder aufrollen und kaltstellen.
Evtl. in Folie hüllen und einfrieren.
2 Stunden vor dem Anschneiden herausnehmen.

Variationen: Statt der Nüsse können auch kleingeschnittene Früchte (Erdbeeren, Pfirsiche oder Aprikosen) verwendet werden.

Oder man bestreicht die Bisquitrolle mit Marmelade, die ohne Zucker zubereitet wurde.

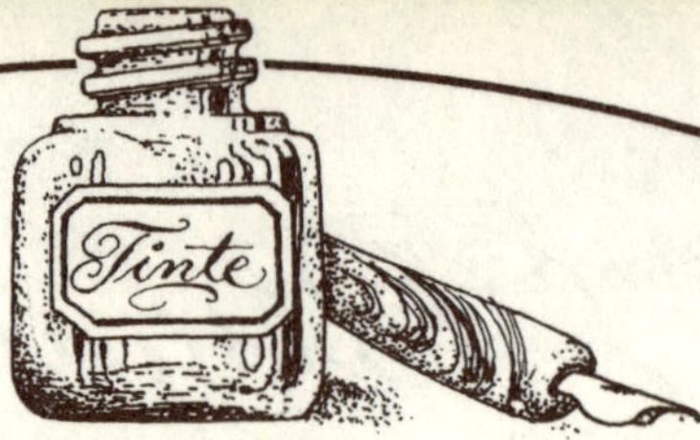

Eigene Rezepte

TORTEN

Mürbeteig für Tortenböden

Zutaten:

125 g Butter
125 g Honig
1 Eigelb
100 g Mandeln, fein gerieben
200 g Weizen-Vollkornmehl
1 Prise Salz
1 Messerspitze Vanille
1 Messerspitze Zimt

Zubereitung von Mürbeteig:

In einer Schüssel das frisch gemahlene Weizen-Vollkornmehl mit dem Salz und den Gewürzen mischen.
In die Mitte eine Vertiefung drücken, Eigelb und Honig mit den geriebenen Mandeln darin verrühren. Die kalte Butter in Flöckchen übers Mehl schneiden und sehr schnell alles mit kalten Händen zusammenkneten. Dann den Teig mindestens 30 Minuten zugedeckt kaltstellen.
Eine gefettete Tortenbodenform damit auslegen.

Backen:

Im vorgeheizten Ofen
20–30 Minuten bei 220 °C

Mürbeteig mit Quark

Zutaten:

100 g Quark
100 g Butter
50 g Honig
150 g Weizen-Vollkornmehl, frisch gemahlen
1 gestr. Teel. Backpulver
etwas Salz und etwas Zimt

Zubereitung:

Quark mit der weichen Butter vermengen, Vollkornmehl zufügen und schnell durchkneten. Nicht zu lange, sonst wird der Teig zäh!

Bisquitteig in der Springform

Teig I
Zutaten:

5 Eier
125 g Honig
3 Eßl. warmes Wasser
175 g Weizen-Vollkornmehl
1 gestr. Teel. Backpulver

Teig II für 1 Tortenboden
Zutaten:

3 Eier
75 g Honig
3–4 Eßl. Warmes Wasser
100 g Weizen-Vollkornmehl
100 g gemahlene Haselnüsse
2 gestr. Teel. Backpulver

Zubereitung:
siehe Bisquitrolle Seite 57

In der Mitte durchgeschnitten, erhält man zwei Tortenböden.

Zubereitung:
siehe Bisquitrolle Seite 57

Backen:
Im vorgeheizten Ofen bei 200 °C

Käsekuchen

Zutaten:

Teig:

Zutaten und Zubereitung
siehe Mürbeteig Seite 60

Füllung:

3 Eier
100 g Honig
600 g Quark
1 geh. Eßl. Weizen-Vollkornmehl
etwas Vanille
Schale einer Zitrone
75 g Rosinen
75 g Mandelstifte
1 Eßl. Rum

Zubereitung:
Mürbeteig bereiten, kalt stellen (siehe Anleitung Seite 60)

Teig aus dem Eisschrank nehmen, eine gefettete Springform (27 cm Ø) damit auslegen, Rand 3 cm hochziehen.

Eigelb und Honig schaumig schlagen, mit der abgeriebenen Zitronenschale, der Vanille und dem Rum würzen und das Mehl mit dem Quark unterrühren. Rosinen und Mandelstifte zugeben und zuletzt den sehr steifen Eischnee unterheben. Füllung auf den Teig streichen.

Backen:
Ofen vorheizen
45 Minuten bei 175 °C

Quark-Mandarinen-Torte

Zutaten:

Mürbteig
100 g Butter
75 g Honig
1 Eigelb
75 g geriebene Mandeln
175 g Weizen-Vollkornmehl

Bisquitboden
3 Eier
75 g Honig
3–4 Eßl. Wasser
100 g Weizen-Vollkornmehl
100 g gemahlene Haselnüsse
2 gestr. Teel. Backpulver

Füllung:
½ Glas Orangenmarmelade (o. Zucker)
1 gr. Dose Mandarinenscheiben
300 g Quark
1 Eigelb, 1 Eiweiß
3 Eßl. Honig
3 Eßl. Birnen- od. Apfeldicksaft
etwas Vanille
abger. Schale von 1½ Zitronen
Saft von 2 Zitronen
1 Teel. Agar-Agar
200 ccm Sahne
50 g abgezogene, gehackte Mandeln

Zubereitung:

Mürbeteig backen, siehe Seite 60
Bisquitteig backen, siehe Seite 57

Füllung:

Eigelb, Honig, Birnendicksaft, Vanille, Zitronenschale und Quark cremig rühren.

1 Teel. Agar-Agar in 3 Eßl. kaltem Wasser anrühren, mit 3–4 Eßl. heißem Wasser auffüllen, mit dem Zitronensaft verdünnen und zu der Quarkmasse geben.

Zuletzt den fest geschlagenen Eischnee und die steife Schlagsahne unterziehen.

Den abgekühlten Mürbeteig mit der Marmelade bestreichen. Bisquitteig darauflegen. Mit den abgetropften Mandarinenscheiben belegen.

Quarkmasse darauf verteilen und glatt streichen. Einige Stunden in den Eisschrank stellen.

Mit gehackten, gerösteten Mandeln bestreuen.

Möhrentorte

Zutaten:

250 g Möhren
200 g Haselnüsse
5 Eier
200 g Honig
1 Eßl. Kirschwasser
50 g Buchweizen
etwas gemahlene Nelken
50 g gehackte, abgezogene Mandeln

Zubereitung:

Möhren putzen und auf der Reibe fein reiben (nicht musig). Eigelb schaumig rühren, den nicht zu flüssigen Honig langsam zugeben. Eischnee schlagen. Abwechselnd Möhren, gemahlene Haselnüsse, Eischnee und zum Schluß den Buchweizen und die Mandeln unterheben. Springform mit Alufolie auslegen und fetten.

Backen:

Vorheizen auf 160 °C
30 Minuten bei 160 °C, weitere 30 Minuten bei 180 °C

Nicht zu dunkel werden lassen!

Eignet sich zum Einfrieren. Kann mit geschlagener Sahne überzogen werden. Verzieren mit frischen Früchten.

Linzer Torte

Zutaten:

200 g Butter oder Pflanzenmargarine
150 g Honig
250 g Weizen-Vollkornmehl
200 g gemahlene Mandeln
1 Ei
½ Teel. Zimt
1 Messerspitze Nelken
1 Eßl. Kirschwasser
2 Eßl. Kakao (oder 1 Eßl. Kakao, 1 Eßl. Karob)
¾ Glas Pflaumenmus

Zubereitung:

wie Mürbeteig Seite 60

Teig ½ bis 1 Stunde kühl stellen, ⅔ des Teiges in eine gefettete Springform von ca. 27 cm Ø füllen und einen 1 cm hohen Rand formen. Den Teigboden mit Pflaumenmus bestreichen. Den restlichen Teig ausrollen, mit Teigrädchen in Streifen schneiden (oder dünne Rollen formen) und gitterartig über das Pflaumenmus legen.

Backen:

Ofen vorheizen
35 Minuten bei 175 °C

Aprikosentorte

Zutaten:

100 g Butter
75 g Honig
1 Ei, 1 Eigelb
200 g Weizen-Vollkornmehl
1 gestr. Teel. Backpulver
50 g mit der Schale geriebene Mandeln
1 Prise Salz
½ abgeriebene Zitrone

800 g Aprikosen (ausgesteint abgewogen)

80 g Mandelstifte
125 g geschlagene Sahne
2 Eßl. Birnendicksaft
1 Eßl. Kirschwasser
1 gestr. Eßl. Weizen-Vollkornmehl
1 Eigelb, 1 Eiweiß

Zubereitung:

Mürbeteig bereiten, kalt stellen (siehe Anleitung Seite 60)

Den Teig in eine Springform drücken, den Rand etwas hochziehen. Mit entsteinten, geviertelten Aprikosen belegen und mit der Hälfte der geschälten und in Stücke geschnittenen Mandeln bestreuen.

Für den Guß die Sahne schlagen, den Birnendicksaft, das Kirschwasser, das Eigelb sowie das Mehl langsam dazugeben. Zuletzt das geschlagene Eiweiß und die Mandeln unterheben.

Die Masse auf die Aprikosen streichen.

Backen:

25–30 Minuten bei 175 °C, Ofen vorheizen

Nach der halben Backzeit evtl. mit Alufolie abdecken, wenn die Oberseite zu schnell bräunt.

Kirschtorte

Zutaten:

100 g Butter
75 g Honig
1 Ei, 1 Eigelb
200 g Weizen-Vollkornmehl
1 gestr. Teel. Backpulver
50 g mit der Schale geriebene Mandeln
1 Prise Salz
½ abgeriebene Zitrone

3 Eiweiß
70 g Honig
175 g gemahlene Nüsse
500–750 g Sauerkirschen
evtl. 50 g abgez. Mandeln

Zubereitung:

Mürbeteig bereiten, kalt stellen (siehe Anleitung Seite 60)

Eiweiß sehr steif schlagen, langsam den Honig dazugeben und die gemahlenen Nüsse unterheben.
Mit dem Mürbeteig die Springform auslegen, Rand 2–3 cm hochziehen und mit der Nußmasse bestreichen. Obenauf die abgetropften Kirschen verteilen.

Backen:

Im vorgeheizten Ofen
10 Minuten bei 200 °C
30 Minuten bei 175 °C

evtl. mit 50 g abgezogenen, klein gehackten Mandeln bestreuen.

Nußtorte

Zutaten:

7 Eier
300 g Honig
400 g gemahlene Haselnüsse
4 Eßl. frisch gemahlenen Weizen
1 Weinstein-Backpulver
1 Prise Salz
abgeriebene Schale einer Zitrone
3/4 Liter bzw. 1/2 Liter Sahne
evtl. 500–750 g Kirschen, ausgekernt
50 g Mandeln

Zubereitung:

Die Nüsse werden gemahlen und in eine Schüssel geschüttet. Aus Eigelb und Honig eine dicke Creme schlagen (5 Minuten mit dem Mixer) und mit dem mit Backpulver vermischten Mehl vermengen. Die Masse auf die Nüsse geben. Obenauf den sehr fest geschlagenen Eischnee gleiten lassen. Alles vorsichtig zu einer lockeren Masse mischen und in eine gefettete Springform von 27 cm Ø geben.

Backen:

Ofen vorheizen
50–60 Minuten bei 160 °C

Sollte der Kuchen zu dunkel werden, kann mit Alufolie abgedeckt werden.

Nach dem Auskühlen den Kuchen 2 mal durchschneiden. Füllen entweder nur mit geschlagener Sahne, die mit 2 Eßl. Kirschwasser und 2 Eßl. Birnendicksaft abgeschmeckt wurde oder die untere Schicht mit Sauerkirschen belegen. (Saft mit etwas Stärke andicken und mit Honig oder Dicksaft süßen, mit 1 Eßl. Kirschwasser würzen.) Die Torte oben und an den Seiten mit Sahne bestreichen und mit gehackten, gerösteten Mandeln bestreuen.

Mandel-Walnußtorte

Zutaten:

125 g Butter
100 g Honig
1 Eigelb
100 g geriebene Mandeln
200 g Weizen-Vollkornmehl
1 Prise Salz
je 1 Messerpitze Zimt und Vanille

Füllung:

75 g Marzipanrohmasse
100 g Honig, 50 g Birnendicksaft
50 g Butter
2 Zitronen
3 Eier
250 g geriebene Mandeln
4 gestr. Teel. Backpulver
1 Eßl. Kirschwasser
4 Vollkornzwiebacke
100 g grob gehackte Walnüsse

Zubereitung:

Mürbeteig bereiten (siehe Anleitung Seite 60)

Marzipan, Honig, Birnendicksaft, Butter und die geriebene Schale einer Zitrone cremig schlagen. Abwechselnd Mandeln und Eier zugeben, dann das Kirschwasser, den Saft von 2 Zitronen und 4 Eßl. geriebene Zwiebacke vermischt mit dem Backpulver unterrühren. Zum Schluß die Walnüsse zugeben.

⅓ des Teiges ausrollen und mit Hilfe der Springform den Deckel ausstechen.

Mit dem restlichen Teig eine gefettete Springform von 25 cm Ø auslegen, Rand hochziehen.

Füllung darauf verteilen und den Teigdeckel drauflegen.

Backen:

Im vorgeheizten Ofen 20 Minuten bei 175 °C,
15 Minuten bei 150 °C

Feine Apfeltorte

Zutaten:

175 g Butter
150 g Honig
4 Eier
200 g Weizen-Vollkornmehl
2 gestr. Teel. Backpulver
1 Eßl. Calvados oder Kirschwasser
etwas Vanille
1 abgeriebene Zitronenschale
ca. 750 g Äpfel
50–75 g Walnußkerne oder Mandelstifte

Zubereitung:

Butter, Honig und Eigelb schaumig rühren (ca. 5 Minuten). Nach und nach die Gewürze und das frisch gemahlene, mit Backpulver vermischte Vollkornmehl zugeben. Zuletzt den steif geschlagenen Eischnee unterheben. ⅔ des Teiges in eine gefettete Springform füllen, mit den Apfelscheiben belegen und den Nüssen bzw. den Mandeln bestreuen. Dann den Rest des Teiges darüberstreichen.

Backen:

Im vorgeheizten Ofen
40 Minuten bei 175 °C

Warm mit 2 Eßl. Birnendicksaft, verrührt mit 2 Eßl. Zitronensaft, bestreichen.

Variation: Aprikosen anstatt Äpfel

Preiselbeertorte

Zutaten:

100 g Butter
100 g Honig
3 Eier
3 Eßl. Kakao
2 Teel. koffeinfreier Pulverkaffee (gelöst in 1–2 Eßl. heißem Wasser)
125 g grob gemahlene Haselnüsse
110 g Weizen, fein gemahlen
2 gestr. Teel. Weinstein-Backpulver

Belag:

350–400 g eingemachte Preiselbeeren
200 g Sahne

Zubereitung:

Butter, Honig, Eier, Gewürze und Haselnüsse schaumig rühren und das mit dem Backpulver vermischte Mehl zugeben.

Backen:

Im vorgeheizten Ofen
ca. 20 Minuten bei 175 °C

Nach dem Auskühlen erst mit den Preiselbeeren, dann mit der sehr steif geschlagenen Sahne bestreichen.

Apfel-Käse-Kuchen

Zutaten:

Teig

100 g Quark
100 g Butter
50 g Honig
150 g Weizen-Vollkornmehl
1 gestr. Teel. Weinstein-Backpulver
1 Prise Salz
1 Messerspitze Zimt

Füllung

ca. 750 g Äpfel
75 g Korinthen
1 Eßl. Birnendicksaft
1 Eßl. Calvados

200 g Quark
50 g Honig
2 Eßl. Calvados
2 Eigelb, 2 Eischnee
50–75 g Mandelstifte
1/8 Liter Sahne, geschlagen

Zubereitung:

Quark mit der weichen Butter, dem Honig und den Gewürzen rasch miteinander vermengen und das frisch gemahlene, mit dem Backpulver vermischte Mehl zufügen. 1/2 Stunde kühl stellen.

Dann eine Springform von 27 cm Ø damit auslegen, Rand 3 cm hochziehen und mit 1/3 der Korinthen bestreuen.

Mit den geschälten und in Scheiben geschnittenen Äpfeln kranzförmig belegen.

Birnendicksaft und Calvados mischen und damit die Äpfel bestreichen.

Quark mit Honig, Eigelb und Calvados verrühren, die restlichen Korinthen und die Mandelstifte zugeben und zum Schluß den festen Eischnee und die steif geschlagene Sahne unterheben.

Die Masse auf die Äpfel streichen.

Backen:

Ofen vorheizen
ca. 40 Minuten bei 175 °C

Eigene Rezepte

KEKSE

Kleine Rodonkuchen

Zutaten:

125 g Butter
100 g Honig
2 Eier
Orangenschale
(von ungespritzten Früchten)
etwas Zimt
1 Prise Salz
250 g frisch gemahlenes Weizen-Vollkornmehl
2 gestr. Teel. Backpulver
50 g abgezogene und gehackte Mandeln
50 g Korinthen
30 g fein gehackte Sukade

Zubereitung:

Butter und Honig schaumig rühren, Gewürze, Eier und eßlöffelweise das mit dem Backpulver gemischte Mehl zugeben. Zuletzt die Mandeln, Korinthen und die Sukade unterrühren.

Mit einem Teelöffel kleine Häufchen auf ein gefettetes Backblech setzen.

Backen:

Im vorgeheizten Ofen
15–20 Minuten bei 175 °C

Walnuß-Taler

Zutaten:

500 g Weizen-Vollkornmehl
300 g Butter
100 g Honig
1 Prise Salz
2 Messerspitzen Zimt
2 Messerspitzen Vanille
Schale von einer Zitrone
1 Paket Trockenhefe

2 Eßl. Sahne
50 g Butter
100 g Honig
etwa 100 g Walnuß-Kerne

Zubereitung:

Das fein gemahlene Weizen-Vollkornmehl gemischt mit den Gewürzen in eine breite Schüssel geben. Butter in Flocken darauf verteilen, Hefe darüberstreuen und den Honig darauftröpfeln. Schnell zu einem festen Teig kneten. Eine Rolle von etwa 4 cm Ø formen und in Alufolie 1 Stunde in den Eisschrank stellen. Dann ½ cm dicke Scheiben schneiden und auf ein gefettetes Backblech legen.

Sahne, Butter und Honig in einem kleinen Topf 5 Minuten kochen lassen. Walnüsse dazugeben, umrühren und je eine Walnußhälfte auf jede Scheibe drücken.

Backen:

Im vorgeheizten Ofen ca. 10 Minuten bei 200 °C

Nußkekse

Zutaten:

250 g Weizen-Vollkornmehl
150 g Butter
75 g Honig
1 Eigelb
je 1 Prise Salz, Zimt, Vanille
125 g Haselnüsse, in dicke Scheiben geschnitten

Zubereitung:
wie Mürbeteig Seite 60

Die in Scheiben geschnittenen Nüsse unterkneten, eine Rolle von etwa 4 cm Ø formen und in Alufolie 1 Stunde in den Eisschrank legen.

Dann ½ cm dicke Scheiben schneiden und auf ein gefettetes Backblech legen.

Backen:
Im vorgeheizten Ofen
10–15 Minuten bei 200 °C

Haferflocken-Nuß-Kekse

Zutaten:

150 g Butter
100 g Honig
1 Ei
100 g Haferflocken
200 g gemahlene Haselnüsse
½ Teel. Backpulver
ca. 75 g Nüsse zum Verzieren

Zubereitung:
Haferflocken hellbraun rösten. Haselnüsse und Backpulver zugeben. Butter, Honig und Ei schaumig rühren und unter die Flocken-Nußmischung rühren.

Mit dem Teelöffel kleine Häufchen auf das gefettete Backblech setzen und mit einer Nuß belegen.

Backen:
Im vorgeheizten Ofen
ca. 10 Minuten bei 190 °C

Pfeffernüsse

Zutaten:

500 g Sirup
50 g Butter
500 g Weizen-Vollkornmehl
½ Teel. Hirschhornsalz
125 g geriebene Mandeln
125 g abgezogene ganze Mandeln
je 50 g Orangeat und Zitronat
1 abgeriebene Zitronenschale
je 2 Messerspitzen Nelken, Cardamom, Pfeffer, Piment, Muskatnuß
½ Teel. Zimt

Zubereitung:
Den Sirup aufkochen, Butter, Hirschornsalz und das frisch gemahlene Vollkornmehl unterrühren und über Nacht ruhen lassen.

Dann die restlichen Zutaten (bis auf die ganzen Mandeln) unterkneten und den Teig auf 1 cm Stärke ausrollen.

Runde Plätzchen ausstechen und mit einer Mandel belegen.

Backen:
Im vorgeheizten Ofen ca. 20 Minuten bei 160 °C

Mandelkränze

Zutaten:

125 g Butter
3 Eier, 1 Eigelb
65 g Honig
1 Prise Salz
Vanille
250 g Weizen-Vollkornmehl
1 Eiweiß
100 g abgezogene, gehackte Mandeln

Zubereitung:

3 Eier 10 Minuten kochen, kalt abschrecken und schälen. Die Eigelbe durch ein Sieb streichen und mit dem frischen Eigelb, dem Honig, den Gewürzen und der Butter verrühren. Zuletzt das Mehl rasch mit einkneten. Teig mindestens 1 Stunde in den Kühlschrank stellen. Mit einer Küchenmaschine oder mit der Hand Ringe formen, mit geschlagenem Eiweiß bestreichen und mit gehackten Mandeln bestreuen.

Auf ein gefettetes Backblech legen.

Backen:

Im vorgeheizten Ofen
ca. 10 Minuten bei 200 °C

Mandelkekse

Zutaten:

3 Eiweiß
150 g Honig
250 g mit Schale geriebene Mandeln
50 g gehackte Mandeln
2 Messerspitzen Zimt

Zubereitung:

Die geriebenen und die gehackten Mandeln mit Zimt mischen. Eiweiß sehr steif schlagen, Honig langsam zugeben und dann vorsichtig unter die Mandeln heben.

Kleine Häufchen auf das gefettete Backblech oder auf Oblaten setzen.

Backen:

Ofen vorheizen
15 Minuten bei 150 °C

Variation: Statt der Mandeln kann man auch Haselnüsse verwenden. Für die gehackten Mandeln verwendet man dann ganze Haselnüsse, die oben auf jedes Nußhäufchen gesteckt werden.

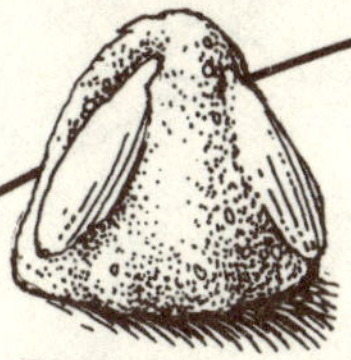

Bethmännchen

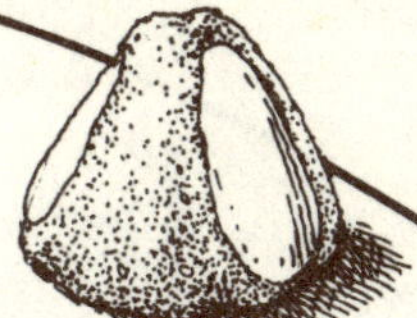

Zutaten:

400 g Rohmarzipan (gekauft oder selbstgemacht, siehe Seite 82)
75 g Honig
1 Ei
2 Eßl. Weizen-Vollkornmehl
1 Eßl. Kirschwasser
100 g abgezogene und geriebene Mandeln

75 g abgezogene Mandeln
1 Eigelb

Zubereitung:

Alle Zutaten (bis auf die ganzen Mandeln) durchkneten, kleine Kugeln formen und mit 3 halbierten Mandeln bestecken.
Die „Köpfe“ mit Eigelb bestreichen.

Backen:

Ofen leicht vorheizen
15 Minuten bei 150 °C

Spekulatius

Zutaten:

125 g Butter
125 g Honig
1 Eigelb
100 g geriebene Mandeln
200 g Weizen-Vollkornmehl
je 1 Messerspitze Nelken und Kardamom
¼ Teel. Zimt
1 Prise Salz

Zubereitung:

wie Mürbeteig Seite 60

Teig einige Stunden in Alufolie kalt stellen.
Dann auf einer bemehlten Fläche ausrollen und mit Weihnachtsformen ausstechen.

Auf ein gefettetes Backblech legen.

Backen:

Im vorgeheizten Ofen 10 Minuten bei 220 °C

Mandel-Lebkuchen

Zutaten:

200 g Honig
3 Eier
200 g geriebene Mandeln
200 g Weizen-Vollkornmehl
5 g Hirschhornsalz
1 Eßl. Rum
50 g fein gehacktes Zitronat
50 g fein gehacktes Orangeat
1 Teel. Zimt
je 1 Messerspitze Gewürznelken, Muskatnuß, Piment, Kardamom
50 g geschälte, kleingehackte Mandeln
50 g geschälte, ganze Mandeln

Zubereitung:

Eier und Honig schaumig rühren. Mandeln, Zitronat, Orangeat, die Gewürze und das in Rum gelöste Hirschhornsalz zugeben.

Das frisch gemahlene Vollkornmehl mit den gehackten Mandeln mischen und unter die Teigmasse rühren.

2–3 Stunden im Eisschrank ruhen lassen.
Auf Oblaten (12 x 5 cm) streichen oder auf einer bemehlten Fläche ausrollen und Rechtecke schneiden.
Mit halbierten Mandeln belegen.

Backen:

Auf einem gefetteten Backblech im vorgeheizten Ofen ca. 20 Minuten bei 160 °C

Früchteprinten

Zutaten Teig:

500 g Honig
400 g Weizen-Vollkornmehl frisch gemahlen
250 g Roggen-Vollkornmehl
je 100 g Orangeat, Zitronat und Korinthen
2 Eßl. Rum
1 Paket Lebkuchengewürz
20 g Natron gelöst in 1 Teel. Wasser

Zutaten Belag:

Zitronat, geschälte Mandeln, Nüsse, Pinienkerne etc.

Zubereitung:

Korinthen in Rum einweichen. Honig erwärmen und mit allen Zutaten zu einem Teig verrühren. Einige Stunden im Eisschrank ruhen lassen.

1 cm dick ausrollen und in Stücke von 3 x 10 cm schneiden.

Mit Eigelb bestreichen und nach Belieben mit oben angegebenen Zutaten belegen.

Backen:

Im vorgeheizten Ofen ca. 20 Minuten bei 160 °C

Baseler Leckerli

Zutaten:

375 g Honig
375 g Weizen-Vollkornmehl
250 g geriebene Mandeln
125 g abgezogene gehackte Mandeln
10 g Pottasche
2 Eßl. Rum
je 2 Messerspitzen Nelken, Ingwer, Muskatblüte, Piment, Zitronenschale
½ Teel. Zimt
je 50 g Zitronat und Orangeat

Zubereitung:

Honig erwärmen, Gewürze, Zitronat, Orangeat, Mandeln und die im Rum gelöste Pottasche zugeben.
Mit dem frisch gemahlenen Vollkornmehl zu einem Teig verarbeiten. Über Nacht stehen lassen.
Dann auf dem gefetteten Blech 1 cm dick ausrollen.

Backen:

Im vorgeheizten Ofen 15–20 Minuten bei 200 °C

Noch heiß in kleine Rechtecke schneiden.

Waffelröllchen

Zutaten:

500 g Weizen-Vollkornmehl fein, frisch gemahlen
500 g Wasser
20 g Anis, ganz
200 g Honig
200 g Butter

Zubereitung:

Der ganze Anis wird mit dem Wasser kurz aufgekocht. Nach dem Auskühlen rührt man den fein gemahlenen Weizen darunter und läßt diesen Teig 24 Stunden zugedeckt stehen. Dann wird der Honig und die flüssige, jedoch nicht heiße Butter untergerührt. Nun werden weiter 150 g Wasser dazugegeben und gründlich umgerührt. In ein heißes Waffeleisen (für dünne Waffeln) gibt man einen kleinen Löffel von dem Teig, drückt sofort fest an, damit er sich ringsum verteilt, und bäckt hellbraun aus. Sofort nach dem Herausnehmen rollt man die dünnen Blätter zu kleinen Rollen auf und legt sie auf ein Gitter. Sie können nach dem Erkalten in einer Dose aufbewahrt werden und bleiben knusprig.

Etwa 70 Stück.

Knuspermüsli

Zutaten:

225 g Weizen-Vollkornmehl
100 g Weizenflocken (oder 50 g Roggen- u. 50 g Weizenflocken)
50 g Hafer, grob geschrotet
50 g Sonnenblumenkerne
50 g Korinthen
50 g Haselnüsse, gehackt
50 g Kokosraspeln, hellbraun geröstet
1 Eßl. Sesam
1 Eßl. Leinsamen
75 g Honig
50 g Öl
1 Eßl. Malzextrakt
3 Eßl. Zitronensaft
ca. 3 Eßl. Orangensaft oder Wasser

Zubereitung:

Honig, Öl, Malzextrakt, Zitronen- und Orangensaft verquirlen und unter die gut gemischten übrigen Zutaten kneten. 10 Minuten ruhen lassen.
Eßlöffelgroße Teigstücke auf das gefettete Backblech legen und zu Fladen von etwa 7 cm Ø plattdrücken oder ausrollen.

Backen:

10–15 Minuten bei 160 °C
Ofen vorheizen

Eigene Rezepte

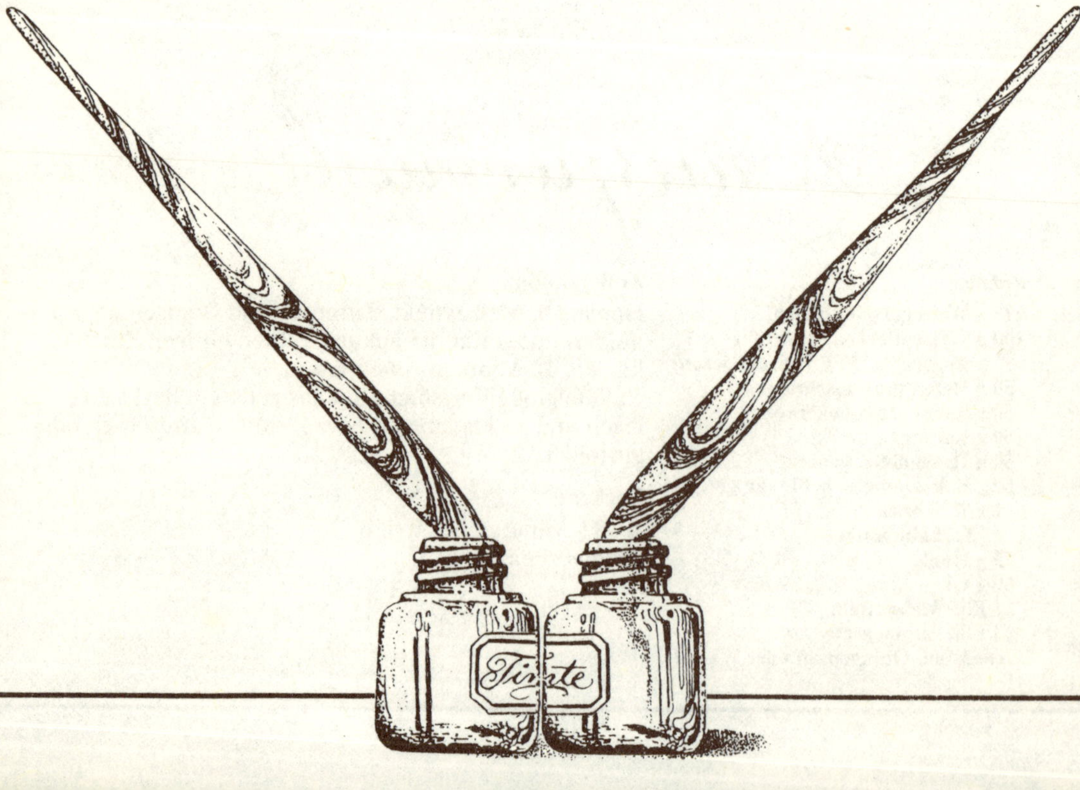

Allerlei Pikantes & Süßes:

Käsebrezel

Zutaten:

200 g geriebenen Käse
200 g Butter
300 g Weizen-Vollkornmehl
etwas Salz und Kümmel
1 Eßl. Wasser

Zubereitung:

Zutaten mit kalten Händen oder Knetmaschine rasch zu einem festen Teig kneten. 2 Std. in den Eisschrank stellen.

Brezel oder Kränze formen und auf ein Backblech legen.

Backen:

Im vorgeheizten Ofen ca. 15 Minuten bei 225 °C

Käsegebäck mit Roggen

Zutaten:

100 g Butter
250 g geriebener Käse
1 Ei
100 g Weizen
200 g Roggen
½ Teel. Weinstein-Backpulver
Kümmel, Mohn, Sesam, Mandeln, Pistazien
1 Eigelb zum bestreichen
etwas Paprika und Salz

Zubereitung:

Weizen und Roggen fein mahlen. Mit Backpulver und Gewürzen mischen, Butterflöckchen und Käse (verrührt mit dem Ei) darauf verteilen und schnell zu einem festen Teig kneten.

In Alufolie 2 Std. im Eisschrank ruhen lassen. Teig etwa ½ cm dick ausrollen, verschiedene Formen ausstechen, mit verquirltem Eigelb bestreichen und mit Kümmel, Mohn, Pistazien, Sesam oder Mandeln bestreuen. Auf ein Backblech legen.

Backen:

Im vorgeheizten Ofen 10–15 Minuten bei 200–225 °C

Käsegebäck mit Weizen

Zutaten:

200 g Butter
200 g geriebenen Käse
2 Eigelb
400 g Weizen-Vollkornmehl
etwas Salz
1 Eiweiß zum bestreichen

Zubereitung und Backen:

wie Käsegebäck mit Roggen

Käsetörtchen

Zutaten Teig:

250 g Butter
250 g Quark
300 g Weizen-Vollkornmehl
¼ Teel. Salz
1 Eigelb
50 g Mandeln
evtl. Mohn, Kümmel

oder

250 g Butter
250 g Käse, gerieben
300 g Weizen-Vollkornmehl
1 Prise Salz
1 Eigelb
50 g Mandeln

Zutaten Füllung:

200 g Frischkäse
200 g Quark
1 gestr. Teel. Kräutersalz
2 Teel. Frischkräuter
Kümmel, Paprika, grüner Pfeffer

Zubereitung: Das frisch gemahlene Weizen-Vollkornmehl mit dem Salz mischen und mit den übrigen Zutaten rasch zu einem glatten Teig kneten. Kleine gefettete Pastetenformen mit ⅔ des Teiges auslegen. Den Rest ausrollen und für jede Form einen runden Deckel ausstechen, mit Eigelb bestreichen und mit abgezogenen gehackten Mandeln (evtl. noch mit Mohn oder Kümmel) bestreuen.

Backen: Im vorgeheizten Ofen 10–15 Minuten bei 200 °C

Füllung: Aus Frischkäse, Quark, Salz und Kräutern eine Creme rühren und nach Geschmack pikant würzen.

Kurz vor dem Anrichten Törtchen damit füllen und mit dem kleinen Deckel belegen.

Variation: Statt der Pastetenförmchen 2 dünne Böden in einer Springform backen. Den Deckel wie oben mit Eigelb bestreichen und mit Mandeln etc. belegen. Creme zwischen die beiden abgekühlten Tortenböden streichen.

Pizza

Zutaten:

Teig

400 g Weizen-Vollkornmehl
200 g Wasser
25 g Hefe
15 g Salz
3 Eßl. Öl
1 Ei

Belag:

1 kg Tomaten
15 gefüllte Oliven
Oregano, Öl
250 g Hartkäse

nach Belieben
Artischockenböden, Pilze, Zwiebelringe, Paprika, Mais etc.

Zubereitung:
siehe Hefeteig Seite 14

Aus den Zutaten einen geschmeidigen Teig arbeiten. Teigruhe 10 Minuten, dann nochmals durchkneten und ein gefettetes Backblech damit auslegen. Den Teig mit Öl einpinseln und mit Oregano dünn bestreuen. Tomaten in dicken Scheiben dicht auflegen und dann die übrigen Zutaten nach Geschmack darauf verteilen (Zwiebeln und Oliven in dünne Scheiben schneiden).

Zuletzt etwas Öl auftropfen, vorsichtig salzen und den gewürfelten oder geriebenen Käse darüberstreuen.

Backen:
Ofen vorheizen
20 Minuten bei 225 °C im oberen Drittel des Ofens

Heiß servieren

Zwiebelkuchen Mürbeteig

Zutaten:

200 g Weizen-Vollkornmehl
90 g Butter
5 Eßl. Wasser
1 gr. Prise Salz

Belag:

600 g Zwiebeln
1/8 Liter Sahne
3 Eier
2 Eßl. Weizen-Vollkornmehl
1 Paket Parmesankäse
Oregano, Kräutersalz, Pfeffer
etwas Butter

Zubereitung:

Mürbeteig zubereiten, siehe Seite 60

30 Minuten kalt stellen.

Zwiebeln in Butter glasig dünsten. Sahne, Eier und Mehl verquirlen, mit Pfeffer, Oregano, Salz und Käse würzen.

Eine gefettete Springform (27 cm Ø) mit dem Teig auslegen.

Backen:

5–10 Minuten vorbacken bei 200 °C
Den Belag auf den Teig verteilen und 20 Minuten weiterbacken.

Heiß servieren.

Zwiebelkuchen schwäbisch

Zutaten:

Teig wie Pizza

Belag:

12 große Zwiebeln
60 g Butter
120 g Weizen-Vollkornmehl
6 Eier
1/2 Liter saure Sahne (oder halb Sahne, halb Dickmilch)
Salz, Kümmel

Zubereitung:

Zwiebeln in Fett glasig dünsten.

Das Mehl mit den Eiern, der Sahne und dem Salz glattrühren, Kümmel und die abgekühlten Zwiebeln dazugeben und auf das mit Teig ausgelegte Backblech streichen.

Backen:

Ofen vorheizen
20–25 Minuten bei 225 °C

Heiß servieren.

Apple Pie

Zutaten Teig:

250 g Weizen-Vollkornmehl
150 g Butter
4–5 Eßl. kaltes Wasser
¼ Teel. Salz

Zutaten Füllung:

75 g Honig oder Obstdicksaft
1 Eßl. Weizen-Vollkornmehl
1 Messerspitze Muskatblüte
¼ Teel. Zimt
ca. 600 g dünn in Scheiben geschnittene Äpfel
1–2 Eßl. Butter

Zubereitung:

Das frisch gemahlene Weizen-Vollkornmehl mit dem Salz mischen und mit der Butter und dem Wasser zu einem geschmeidigen Teig kneten. ½ Std. in Folie gewickelt kühl stellen.

Honig, Mehl, Muskatblüte, Zimt und Salz mischen und unter die Äpfel heben.

Die gefettete Pie-Form mit ⅔ des Teiges auslegen (Rand hochziehen) und mit der Apfelmischung belegen. Mit Butterflöckchen bestreuen.

Den Rest des Teiges zu einem Deckel ausrollen und darüberdecken. Die Ränder festdrücken und in den Deckel Schlitze schneiden.

Backen:

Im vorgeheizten Ofen 40–50 Minuten bei 200 °C

Warm servieren mit Vanillesoße.

Pfirsich-Pastete

Zutaten Füllung:

500 g in Scheiben geschnittene Pfirsiche
1 Teel. Zitronensaft
75 g Birnendicksaft
1 Eßl. Weizen-Vollkornmehl
2 Messerspitzen Zimt
1–2 Eßl. Butter

Teig und Zubereitung wie Apple-Pie

Marzipan

Zutaten:

250 g fester Honig
250 g abgezogene Mandeln
1 Eßl. Rosenwasser

Zubereitung:

Die gebrühten und abgezogenen Mandeln werden gut getrocknet, evtl. im Backofen, und fein gemahlen.

Der streichfähige Honig wird mit dem Rosenwasser und den Mandeln gut verknetet. Sollte die Masse zu feucht sein, läßt man sie in der Schüssel trocknen, bis sie sich gut rollen läßt, ohne zu kleben.

Frischkornbrei

Um die unvermeidliche Schädigung des Getreides durch die Hitzeeinwirkung beim Backvorgang auszugleichen, empfiehlt Dr. Bruker den täglichen Verzehr von unerhitztem Getreide in Form des Frischkornbreis. Er stellt einen wichtigen Pfeiler der Gesundheit dar.

Hier das Rezept:

Pro Person 50 g oder 3 Eßl. grob geschrotetes Getreide, entweder Weizen oder Roggen oder eine Mischung verschiedener Sorten, werden mit kaltem Wasser zu einem Brei verrührt, der zugedeckt 5-12 Stunden stehenbleibt, am besten über Nacht. Am anderen Morgen wird er ergänzt durch Zugabe von getrennt eingeweichten Trockenfrüchten (Einweichwasser mit verwenden) und frischem Obst der Jahreszeit. Es sollte möglichst immer ein Apfel hineingerieben werden, um den Brei locker zu machen. Evtl. kann etwas Zitronensaft oder Sahne zugegeben werden. Auch der Zusatz von Milch, Sauermilch oder Buttermilch ist möglich. Bei Darmempfindlichen muß Milch weggelassen werden. Obenauf werden etwas gehackte Nüsse gestreut.

Dieser Frischkornbrei kann zu jeder Tageszeit gegessen werden, als Frühstück ist er besonders vorteilhaft.

Inhaltsverzeichnis

Kuchen

Torten

Kekse

Allerlei Pikantes und Süßes

Ernährungskurse mit Praxis:

Ges. für Gesundheitsberatung eV
Krankenhaus Lahnhöhe
5420 Lahnstein

Gesundheitszentrum - Lehrküche
Klara Geißler
Roswithastraße 2 A
3353 Bad Gandersheim

Empfohlene Literatur:

Dr. M. O. Bruker — **Unsere Nahrung - unser Schicksal**
bioverlag gesundleben
8959 Hopferau 50

Dr. M. O. Bruker — **Krank durch Zucker**
Helfer Verlag E. Schwabe
6380 Bad Homburg v.d.H.

Dr. M. O. Bruker — **Gesund durch richtiges Essen**
Econ Verlag

Prof. Dr. W. Kollath — **Getreide und Mensch - eine Lebensgemeinschaft**
Helfer Verlag E. Schwabe
6380 Bad Homburg v.d.H.

Prof. Dr. W. Kollath — **Die Ordnung unserer Nahrung**
Haug Verlag Heidelberg

Ada Pokorny — **Die Verarbeitung des Getreides zu Brot und Gebäck**
Arbeitskreis für Ernährungsforschung eV
7263 Bad Liebenzell

v. Koerber, Männle, Leitzmann — **Vollwert-Ernährung**
Haug-Verlag Heidelberg, 1981

Adressen:

Fa. Böcker
Sauerteigfabrik
Postfach 21 70
4950 Minden/Westf.

Fa. Backtechnik GmbH
Postfach 80
6364 Florstadt 1